会社を守る！

社会保険労務士
定政 晃弘
Sadamasa Akihiro

職場の
労働問題
対策の実務

Q&A

ロギカ書房

はじめに

　令和という新しい時代のスタートは、企業の経営者はもちろんのこと労働関係諸法令に係る業務に従事することの多い企業の人事担当者や社会保険労務士等にとっても、極めて困難なものとなりました。2018年（平成30年）6月29日に働き方改革関連法案が成立し、2019年（平成31年）4月1日から順次施行されたことにより、まずは「残業時間の上限規制」（中小企業においては2020年（令和2年）4月1日より適用）や「年5日間の年次有給休暇の取得義務」等の対応が求められることとなりました。

　続いて2020年4月1日からは改正パートタイム・有期雇用労働法と改正労働者派遣法の施行により、正規労働者と非正規労働者の間における不合理な待遇差が禁止されることとなりました。

　特に派遣労働者を対象とした同一労働同一賃金対応では派遣元事業主の大多数が労使協定方式を選択したものの、協定書に記載すべき事項をどうするか相当悩まされたことと思われます。行政がセミナーを主催すれば100人ほど収容可能な会場があっという間に満席となり、疑義について電話で照会しようとしても全く繋がらず、担当者に直接確認しようとして訪問しても数時間待ちだったという経験をされた方も多かったのではないでしょうか。

　この他にも同年同月には労働基準法や民法も改正され、前者においては賃金請求権が従来の2年から3年へと延長となったため、未払残業代請求を受けたときのリスクがさらに増大しました。後者は社員の身元保証に関して影響があるため、就業規則や身元保証書の変更を実施した会社もあるかと思います。

　このように短期間で様々な法改正等に対応しなければならなかった中で、新型コロナウイルス感染症の世界的流行が働き方改革を推進することになったのは皮肉なことです。感染防止のためテレワークの新規導入が大企業を中心に進み、導入を推進するための助成金制度には

申請が殺到しました。時差出勤も当たり前のものとなり、週休3日制の導入にも関心が集まりました。

その反面、日本がIT後進国であることを実感することにもなりました。定額給付金や雇用調整助成金のオンライン申請ではシステムトラブルが発生し、マイナンバーの交付を求めて役所に人が殺到したことは記憶に新しいところです。

世の中が混乱し、新型コロナウイルス感染症の収束が見えない状況下で、2020年（令和2年）6月1日にはいわゆるパワハラ防止法（労働施策総合推進法）が施行となり、企業のハラスメント対応は新たな段階へ進むこととなりました。

本書では、新たに施行・改正された法律や筆者の事務所によく寄せられる質問等についてQ&A方式で解説したものです。第1章は働き方改革について、第2章は同一労働同一賃金、第3章はハラスメント、第4章はメンタルヘルス、第5章は就業規則、第6章は賃金、そして第7章ではその他の諸問題（外国人労働者や定年再雇用等）を取り上げています。

本書を通じて様々な法律への理解が進み、労働トラブル防止への一助となれば幸いです。

なお、「会社を守る人事労務質問会」
https//myhoumu-jp/roudousodan/ では、社員の懲戒や解雇に関する内容、新たな働き方に関する内容、法改正に係る内容、その他労働トラブル全般に関する内容の質問をお受けしています。

最後に株式会社ロギカ書房の橋詰守氏と、出版に関するサポートをして下さった株式会社バレーフィールドの神藤浩史氏に心より御礼申し上げたいと思います。

2020年7月
社会保険労務士 定政 晃弘

第 1 章
働き方改革に関する Q&A

〝年次有給休暇の取得義務化〟

〝時間外労働の上限規制（36 協定）〟

〝労働時間の把握義務〟

第 2 章
同一労働同一賃金に関する Q&A

〝派遣労働者の同一労働同一賃金〟
（労使協定方式）

第3章
ハラスメントに関する Q&A

第4章
メンタルヘルスに関する Q&A

第 5 章
就業規則に関する Q&A

第 6 章
賃金に関する Q&A

第7章
その他様々な諸問題に関する Q&A

第 1 章

働き方改革に関する

Q&A

〝年次有給休暇の取得義務化〟Q&A

① 有給の時季指定をしたが、
従業員が取得しなかった場合は罰則があるか

> Q. 当社の社員の中には、年次有給休暇の取得率が極めて低い者
> がいるため、年次有給休暇の取得時季を指定しました。
> ところが、「急な打ち合わせが入った」等の理由で、数名が
> 取得していませんでした。この場合、何か罰則の適用はある
> のでしょうか。

Answer.

労働基準法の改正により、2019 年 4 月 1 日から、年 10 日以上の年次有給休暇が新たに付与される労働者に対して、使用者が年 5 日については「時季を指定」の上、取得させなければならないこととなりました。

法改正がある場合、大企業だけ先行して適用され、中小企業については負担の程度を勘案し、「当面の間は猶予」となることも多いのですが、年 5 日の年次有給休暇にはそのような猶予措置もなく、一律適用となっています。

ちなみに、ここでいう年次有給休暇はあくまでも「法定の年次有給休暇」のため特別休暇のような休暇は含まれず、また、例えば前年度からの年次有給休暇の繰り越し日数が 4 日あり、当年度 6 日付与され合計日数が 10 日となるパートタイマーには時季指定する必要はないことを確認しておきます。

さて、改正法施行から 1 年が経過し、対象となる労働者について年次有給休暇を年 5 日以上取得できたかどうか、確認されたことと思います。直前になって慌てて労働者に年次有給休暇の取得を促したとい

う企業も数多くあるようですが、その一方で「取得させることができなかったのでどうしたら良いか?」という相談も実際にいただきました。

では、この場合罰則があるのかないのか、罰則がある場合は適用されるのでしょうか?

回答は「罰則が適用されることがある」となります。

厚生労働省によれば、次のとおり違反内容とそれに対する罰則内容が明示されています。

① 年5日の年次有給休暇を取得させなかった

▼

労働基準法第39条第7項違反となり、労働基準法第120条により「30万円以下の罰金」が科されることになっています。

② 使用者による時季指定を行う場合において、
就業規則に記載していない

▼

労働基準法第89条違反となり、労働基準法第120条により「30万円以下の罰金」が科されることになっています。

③ 労働者の請求する時季に所定の年次有給休暇を与えなかった

▼

労働基準法第39条違反（ただし、①と重複する第7項を除く）となり、労働基準法第119条違反により「6か月以下の懲役または30万円以下の罰金」が科されることになっています。

今回のご質問内容は「使用者は時季指定したのに、労働者が取得しなかったが罰則はあるか?」というものでした。

時季指定したが労働者が年次有給休暇を取得しなかった場合であっても、結果的に年5日の取得がされているのであれば法違反は問われないと思われます。よって罰則もないでしょう。

ただし、年5日の取得に満たなかった場合は①の労働基準法第39条第7項違反となり、30万円以下の罰金が科されても仕方がないことになりますが、改正法施行から1年が経過し、取得結果が判明したからといって労働基準監督署が調査を行い、違反が判明した場合には

罰金の支払いを命じるようなことはすぐにはないかと思います。

　実際、厚生労働省は「罰則による違反は、対象となる労働者１人につき１罪として取り扱われますが、労働基準監督署の監督指導においては、原則としてその是正に向けて丁寧に指導し、改善を図っていただくこととしています」と述べています。

　それでも今後企業の違反が続くようであれば、その時は躊躇なく罰則が適用されることは明らかだと思います。

② 有給取得率が100%でも、就業規則に時季指定の規定は必要か

> Q. 年次有給休暇の時季指定義務が2019年4月よりスタートしましたが、当社従業員の有給取得率はこれまでほぼ100%となっていたため、時季指定する予定は今のところありません。
> そのため、就業規則にも規定していないのですが、問題ないでしょうか。

Answer.

2019年4月より改正労働基準法が施行され、「年5日の年次有給休暇」を労働者に「確実に」取得させることが全ての使用者に対して義務付けられました。

そもそも年次有給休暇は、就業規則に必ず記載する必要のある「絶対的必要記載事項」(労働基準法第89条第1項)に該当するため、就業規則を作成している会社ならば年次有給休暇に関する規定はもちろんのこと、産前産後休暇、生理休暇のような労働基準法に定めのある休暇や、慶弔休暇やリフレッシュ休暇等の会社が独自に定めている特別休暇についても規定しておかなければなりません。また、それらの休暇が有給・無給かは関係ありません。

これら基本的事項を踏まえた上で、年次有給休暇の取得率が100%、あるいはそこまでとはいかないものの、かなり高い消化率を誇る会社も、時季指定に関する規定は必要かどうか確認したいと思います。

※ 2019年に発表された「就労条件総合調査」(厚生労働省)によれば、2018年の年次有給休暇の取得率は52.4%で、取得した日数の平均は9.4日となっています。

※念のために申し上げておくと、今回の改正法では年次有給休暇の取得「率」に触れているわけではなく、取得「日数」に規制を設けていることにご留意下さい。

　年次有給休暇の取得率がほぼ100%とは非常に素晴らしいことで、従業員満足度もかなり高い会社であろうと思います。

　その取得率が今後も継続することが確実であるならば、就業規則に時季指定に関する条文を明記しなくても良いと言えます。しかしながら、これはこれまでの実績を踏まえた将来への予測に過ぎず、社会情勢が大きく変われば、その状況も変わることがあるでしょう。

　会社が年次有給休暇の時季指定を実施する場合、「時季指定の対象となる労働者の範囲及び時季指定の方法等について」就業規則に定めなければならないとされているため、言い換えると、定めていない場合は労働者に対する時季指定は実施することができないということになります。

　Q1「有給の時季指定をしたが、従業員が取得しなかった場合は罰則があるか」でも触れましたが、時季指定を行ったのに、就業規則へその内容を記載していなかった場合は労働基準法第89条違反に該当し、30万円以下の罰金が科せられることがあります。

　以上から、年次有給休暇の取得率が極めて高いような場合であっても、就業規則に時季指定に関する規定は必ず定めるべきだというのが回答となります。

　各従業員の年次有給休暇取得状況を1年の大半が過ぎたころにチェックした結果、5日の取得が難しいと使用者が判断した労働者について、まずは個別に取得を促すよう交渉するかと思います。それでも達成困難であるならば最終手段として時季指定に踏み切るところでしょう。

　この時、時季指定する前に慌てて就業規則の変更を実施し、労働基準監督署への届出をしなければ法違反となってしまいますので、事前

に定めておくべきなのです。

　なお、就業規則に定めた場合であっても、既に年5日以上の年次有給休暇を請求・取得している労働者は法律上の要件を満たしているため、使用者が時季指定をする必要はありませんし、認められてもいません。

③ 有給管理簿に記載すべき内容は何か、また、なぜ保存期限が３年なのか

> Q. 当社は従業員に対し、年５日の年次有給休暇を確実に取得させました。従って、法律が求める基準をクリアしたと思っていましたが、有給管理簿は作成していませんでした。
> 今からでも作成する場合、何を記載しなければならないのでしょうか。
> また、なぜ有給管理簿を３年間保存しなければならないのでしょうか。

Answer.

まずは改正された労働基準法施行規則第24条の7の条文を見てみましょう。

> ※「労働基準法施行規則」とは厚生労働大臣が制定する命令（省令）をいい、国会で成立し施行される法律とは異なります。

> 使用者は、法第39条第5項から第7項までの規定により有給休暇を与えたときは、時季、日数及び基準日（第1基準日及び第2基準日を含む。）を労働者ごとに明らかにした書類（第55条の2において「年次有給休暇管理簿」という。）を作成し、当該有給休暇を与えた期間中及び当該期間の満了後3年間保存しなければならない。

この法律に規定されているように、正式な名称は「年次有給休暇管理簿」（以下「管理簿」）といいます。そして管理簿に記載すべき内容として「時季」「日数」「基準日」「労働者（名）」の4項目があることが分かります。この4項目それぞれの具体的内容は次のとおりです。

① **時季** ………… 年次有給休暇を取得した日（○月△日）を記載します。時間単位の年休を取得しても「年5日の年次有給休暇」の対象となりませんが、管理簿には取得した日・時間を記載する必要があります。

② **日数** ………… 年次有給休暇を取得した合計日数を記載します。ただし、合計日数は「基準日から1年以内の期間における年次有給休暇取得日数」であることが必要であり、さらに基準日が2つある場合には、「1つ目の基準日から2つ目の基準日の1年後までの期間における年次有給休暇取得日数」であることが必要ということで、記載が複雑になるケースもあります。「③ 基準日」で第1基準日、第2基準日が生じるケースをご紹介していますが、この場合は第1基準日の2020年10月1日から、第2基準日の1年後までの期間である2022年3月31日の1年6か月間の年次有給休暇取得日数を記載することになります。

③ **基準日** ……… 年次有給休暇を付与した日であり、例えば2020年4月1日に入社した正社員について、労働基準法どおりに年次有給休暇を付与するならば、付与日は入社から6か月経過後の同年10月1日となります。そして10月1日が基準日に該当します。

　会社によっては、入社日から6か月経過後は労働基準法の規定どおりに年次有給休暇を付与しているところ、その後も同法に従い付与するようだと年次有給休暇の管理が大変だということで、翌年度以降は一律4月1日に年次有給休暇を付与することがあります。この例だと2020年10月1日は「第1基準日」となり、翌年度の2021年4月1日は「第2基準日」となります。基準日が2つある場合、管理簿の基準日にはいずれの基準日も記載することが必要です。

④ **労働者**（名）………部門単位でまとめて作成することはできず、労
　　　　　　　　　働者ごとに作成しなければなりません。

　次に、管理簿の保存期限がなぜ3年なのかというご質問ですが、既
にお分かりのように「労働基準法施行規則第24条の7にその旨が定
められているから」です。これをもう少し深く見て行くと、労働基準
法第109条（記録の保存）で、次のとおり規定されていることによります。

> 　使用者は、労働者名簿、賃金台帳及び雇入、解雇、災害補償、賃
> 金その他労働関係に関する重要な書類を3年間保存しなければなら
> ない。

〝時間外労働の上限規制（36協定）〟

④ 36協定の有効期間と起算日は、給与の計算期間の開始日と同じでなければならないのか

> Q.36協定には、「協定の有効期間」と「起算日（年月日）」を記載する欄がありますが、当社の賃金締切日が毎月10日締め（当月25日払い）の場合であっても、協定の有効期間の開始日と起算日は、給与計算期間の開始日である11日とする必要があるのでしょうか。

Answer.

「時間外労働・休日労働に関する協定届」は36協定と呼ばれ、法定の労働時間を超えて労働させる場合や、法定の休日に労働させる場合には労使間で協定を締結し、所轄の労働基準監督署に届出しなければならないことはご承知のことと思います。

その内容は「時間外労働をさせる必要のある具体的事由」や「労働者数（満18歳以上の者）」の他、「延長することができる時間数」を記載する箇所があり、この時間数については「上記で定める時間数にかかわらず、時間外労働及び休日労働を合算した時間数は、1箇月について100時間未満でなければならず、かつ2箇月から6箇月までを平均して80時間を超過しないこと。」という文言とともにチェックボックス欄まで設けられています。このチェックボックスにチェックがされていない場合は有効な協定とならないので注意しなければなりません。

その他ご質問にもあるように、36協定には「協定の有効期間」と「起算日」を記載する欄もあります。協定の有効期間は短い場合で1年間です。ただし、定期的に見直しをすることもあることから、実務上で

は特段の事情がない限り1年間としているはずです。

　起算日は、「延長することができる時間数」が「1日」「1箇月」「1年」に分かれており、1年における上限時間となる「法定労働時間を超える時間数」「所定労働時間を超える時間（任意）」を計算する際の起算日を記載します。

　例えば、起算日を2020年4月1日とし、決算業務に従事する経理職の法定労働を超える時間数を年150時間と設定したならば、この協定の対象となる経理職の方（経理職であっても管理監督者は対象外）の時間外労働は2020年4月1日〜2021年3月31日の1年で計算し、150時間の範囲に収まっているかどうか確認することになります。

　いずれにせよ、有効期間の開始日と起算日は通常であれば同じ日としているはずです。そしてその日は、多くの企業の決算期が3月末で新年度のスタートが4月であることから4月1日としているのではないでしょうか。

　ところが、企業が毎月支給する給与の計算期間の開始日が、協定の有効期間や起算日と異なる場合も当然あります。「10日締め当月25日払い」とか「20日締め翌月10日払い」がその例です。異なるからといって、給与の計算期間をわざわざ変更することはあり得ません。

　そうすると、貴社のように10日締め当月25日払いの会社が、有効期間の開始日と起算日を2020年4月1日とした場合に起こり得る問題がありますので例を挙げて確認しておきます。

　なお、貴社の所定労働時間は1日8時間であって、特別条項は締結していないものとします。

36 協定で定めた時間外労働や休日労働の上限時間を
1 か月単位でチェック

▼

4 月 1 日〜 30 日で 42 時間の時間外労働があった

3 月 11 日〜 4 月 10 日分（4 月給与）の給与計算を行うため、
勤怠集計を行った

▼

48 時間の時間外労働があった

　このように、36 協定上では 1 か月 42 時間の時間外労働だったため、上限時間の 45 時間以内に収まりましたが、賃金台帳上に表示される時間外労働は 48 時間となってしまいます。違法ではありませんが混乱を招く可能性が高いため、協定の有効期間の開始日と起算日は、給与の計算期間の開始日と同じにしておくことが管理上も望ましい対応だと言えます。

⑤ 10 項目ある「健康及び福祉を確保するための措置」はどれを選択すべきか

> Q. 36 協定の特別条項には、「限度を超えて労働させる労働者に対する健康及び福祉を確保するための措置」として 10 項目あり、いずれかの措置を講ずることを定めなければならないそうですが、どのような内容があり、どれを選択するべきなのでしょうか。
> また、1 項目だけでも良いのでしょうか。

Answer.

36 協定では、時間外労働についての上限時間が月 45 時間、年 360 時間とされ、「臨時的な特別の事情」がある場合には労使合意の上、年 6 か月まで月 45 時間を超えて時間外労働させることができます。

　この労使が合意する場合を「特別条項」といい、特別条項を締結する場合は 36 協定の書式が 2 枚となり、いずれも所轄労働基準監督署へ届け出ることになります。

　特別条項の書式には「限度時間を超えて労働させる労働者に対する健康及び福祉を確保するための措置」を記載する箇所があり、次の 10 項目の中から選択する（= 措置を講ずる）ことが求められています。

① 労働時間が一定時間を超えた労働者に医師による
　面接指導を実施すること。

② 労働基準法第 37 条第 4 項に規定する時刻の間において
　労働させる回数を 1 箇月について一定回数以内とすること。

③ 終業から始業までに一定時間以上の
　継続した休息時間を確保すること。

④ 労働者の勤務状況及びその健康状態に応じて、
　代償休日又は特別な休暇を付与すること。

⑤ 労働者の勤務状況及びその健康状態に応じて、
　健康診断を実施すること。

⑥ 年次有給休暇についてまとまった日数連続して
　取得することを含めてその取得を促進すること。

⑦ 心とからだの健康問題についての相談窓口を設置すること。

⑧ 労働者の勤務状況及びその健康状態に配慮し、
　必要な場合には適切な部署に配置転換すること。

⑨ 必要に応じて、産業医等による助言・指導を受け、
　又は労働者に産業医等による保健指導を受けさせること。

⑩ その他

　この10項目の中でどれを選択すべきか検討するにあたり、それぞれの措置が何をどこまで求めているのかが分からなければ選びようがありませんので、確認しておきます。

① 医師による面接指導は、労働安全衛生法第66条の8や労働安全衛生規則等で「時間外労働が80時間を超え、かつ、疲労の蓄積が認められる従業員から申し出があった場合は、医師による面接指導が義務」とされているので、これを上回る「時間外労働70時間を超えたら実施」とか、「従業員からの申し出が無くても実施」等の措置となるでしょう。

② 労働基準法第37条第4項とは深夜労働のことです。深夜労働の回数制限については法律上の定めがないため設けられた項目だと思われます。

③ これは勤務間インターバルのことです。助成金制度を活用するなど、既に勤務間インターバル制度を導入している場合はこれを選択するのが良いでしょう。

④ 代償休日＝代休ですが、代休は法律上の定めがないため、就業規則に規定するかどうかは自由です。代休の取得が確実に行われるような労働環境であれば選択可能です。特別休暇についても同様です。

⑤ 労働安全衛生法では「1年以内ごとに1回」定期健康診断を実施する義務が会社に課せられているので、「労働者の勤務状況」を勘案の上、特別に健康診断を実施することが考えられます。

⑥ これは説明するまでもないでしょう。連続で年次有給休暇を取得させることができる労働環境にあるかどうかです。

⑦ 相談窓口の設置は社内でも構いませんが、中小企業では設置しても対応が難しい場合もあるかと思います。

⑧ 配置転換できる余裕のある大企業に限り選択することが可能な項目でしょう。

⑨ 事業場で常時使用する労働者が50人以上いる場合、産業医の選任義務があります。従って、選任義務のない会社は選択しづらいはずです。

⑩ 厚労省の例では「職場での時短対策会議の開催」が挙げられています。

　なお、労働基準監督署は「措置が確実に履行できるものを選択して欲しい」とのことなので、その点注意の上、選択するようにしましょう。また、選択する項目は1項目だけで構いません。

⑥ なぜ、上限時間に休日労働を「含む」と「含まない」があるのか

> Q. 単純な疑問ですが、時間外労働の上限規制について休日労働を含めて上限を設けているものとそうでないものがあります。なぜ、このような違いが生じているのでしょうか。

Answer.

36 協定による時間外労働規制は、「労働基準法第36条第1項の協定で定める労働時間の延長の限度等に関する基準」（大臣告示）により、1か月45時間、1年360時間が上限時間とされていました。

　この時間を超えて労働させるためには特別条項を付した36協定を締結する必要があり、締結することで1年のうち6か月までは限度時間を超えて労働させることができるというものです。しかし、年6か月までという回数の限度はあるものの、限度時間を超えて労働させる場合の上限はなく、「1か月70時間、1年720時間」程度とした特別条項がよく見られる締結例だとすれば、「1か月100時間超、1年1,000時間超」となるような締結をしているケースもありました。

　このように上限時間を超えた上限時間の規制がされていないということは、労働者の健康確保という面から大きな問題であることは明らかであり、2019年4月1日（中小企業は2020年4月1日）より法律で規制できるように改正されたのです。

　改正により、時間外労働の上限規制は次のとおりとなりました。

原則……………… 1か月45時間以内かつ年360時間以内（法定休日労働は含まれず、1か月45時間を超えることができるのは1年のうち6か月まで）

例外……………… ① 1 か月 100 時間未満（法定休日労働を含む）
② 2 ～ 6 か月の平均が 80 時間以内
（法定休日労働を含む）
③ 1 年 720 時間以内（法定休日労働を含まない）

　例外は特別条項を締結した場合に認められるものであり、上限時間が決められたことは評価されるべきなのでしょうが、運用面では複雑になってしまいました。それが「時間外労働と法定休日労働を合計した時間について、2 か月、3 か月、4 か月、5 か月、6 か月の平均時間を算出したときに、1 か月 80 時間以内としなければならない」というものです。ある 1 年において、4 月に 90 時間、5 月も 90 時間の時間外労働と法定休日労働をした労働者がいたとします。月 45 時間を超えたのは 2 か月だけであり 1 年のうち 6 か月までという限度内でありますが、この 2 か月を平均した場合の時間外労働等は 90 時間となり、月 80 時間以内という限度時間を超過しているため違法となり、罰則を受ける可能性があります。

　このように、毎月の時間外労働と法定休日労働を随時チェックしていかなければならず、また、上限規制には法定休日労働が含まれたものと含まれないものがあるため管理を難解なものとしています。

　そこでご質問の件になりますが、改正前は法定休日労働における上限時間数の規制はなく、「1 か月 2 回まで」のように回数を 36 協定に記載するだけでした。改正後も原則の「1 か月 45 時間以内かつ 1 年 360 時間以内」に法定休日労働は含まれませんが、特別条項を締結した場合は「1 か月 100 時間未満」「2 ～ 6 か月平均で 80 時間以内」に法定休日労働を含めなければなりません。

　この単月で 100 時間、2 ～ 6 か月平均 80 時間はいわゆる「過労死ライン」と呼ばれている時間数であり、長時間労働による健康障害の防止を目的として働き方改革関連法が施行されたので、その点を踏まえてこの 2 つについては法定休日労働を含めることにしたのではないかと思います。

⑦ フレックスタイム制を導入している場合、始業終業時刻の記載はどうなるか

> Q. 当社はフレックスタイム制を導入しています。
> この場合、36協定の「始業及び終業の時刻」の記載はどうしたらよいのでしょうか。
> また、その他記載する上での注意すべき事項はあるでしょうか。

Answer.

フレックスタイム制を導入した場合、「残業は発生しないので残業代の支払いは必要ない」と誤った解釈をしている方が時々いらっしゃいます。フレックスタイム制であっても、時間外労働や休日労働が発生することがあるわけで、残業代の支払いも当然必要となります。時間外労働や休日労働の可能性があるということは、36協定も作成し、所轄労働基準監督署へ届け出なければなりません。

そこでフレックスタイム制を導入している企業において、36協定を記載する場合の留意事項を挙げてみたいと思います。

(1)「延長することができる時間数」について

「延長できることができる時間数」欄は「1日」「1箇月」「1年」について、それぞれ「法定労働時間数を超える時間数」を記載することになっています。労働基準法で1日8時間を超えて労働した場合、超えた時間については時間外労働となりますが、フレックスタイム制ではそのような概念はありません。従って、フレックスタイム制が適用される労働者について「1日」の箇所は記入する必要がありません。特別条項を締結する場合でも、「1日」の欄への記入は不要です。

「1箇月」については、2019年4月1日施行の改正労働基準法により、

清算期間の上限が、従来の1か月から3か月に延長されました。このため、この欄に記載する時間数は原則として45時間以内となりますが、清算期間が1か月を超えるフレックスタイム制を導入する場合には次の2点に注意しなければなりません。なぜなら、改正前から①を超えた場合は時間外労働として取り扱われていましたが、改正後は①は超えていなくても②を超えてしまった時間については時間外労働となるからです。

① 清算期間における総労働時間が
　法定労働時間の総枠を超えないこと
② 1か月を平均して
　週平均の労働時間が50時間を超えないこと

　「1年」の「法定労働時間を超える時間数」は、360時間以内で記載する必要があります。なお、「1年」については起算日を記載する欄もあります。ここは「20△△年4月1日」のように月の初日を起算日とすることが多いと思いますが、フレックスタイム制の清算期間の始期と一致していない場合は、労働時間の集計や賃金計算が複雑になる可能性がありますので、そうならないような配慮が必要となるでしょう。

(2)「業務の種類」について

　この欄には「営業」「開発」「人事」等、36協定の対象となる業務を記載しますが、これら業務の中でフレックスタイム制が適用される業務については、「営業（フレックスタイム制）」のように追記して下さい。

(3)「労働させることができる法定休日における
　　始業及び終業の時刻」について

　「休日労働」の欄に、「労働させることができる法定休日における始業及び終業の時刻」を記載する箇所があります。フレックスタイム制

を導入していない企業であれば通常の始業・終業時刻を記載するため、例えば「9時〜18時」のようにしますが、フレックスタイム制についてはフレキシブルタイムを設けている場合とそうでない場合で考えなければなりません。

〈フレキシブルタイムを設定している場合〉

　始業時刻を午前6時から午前10時、終業時刻を午後3時から午後7時としているならば、この欄には「午前6時〜午後7時」と記載します。

〈フレキシブルタイムを設定していない場合〉

　コアタイムはあるもののフレキシブルタイムを設定していない場合、コアタイムを除いた始業・終業時刻をいつから記載したら良いのか判断に迷うかと思います。具体的にこうしなければならないというものが規定されていないため、このようなケースでは「一番早く出社するであろう大体の時間と、一番遅く退社するであろう大体の時間を記載すれば足りる」がその回答となります。

⑧ 会社設立日に従業員を雇用し、残業させる場合、36協定の締結・届出はどうなるか

Q. 当社は4月1日に設立した法人です。設立と同時に正社員を複数名雇用しましたが、初月から時間外労働が発生する予定です。
そのため36協定の締結・届出が必要だという認識はありますが、準備の都合で届出するのは数日後になると思います。
この場合でも労働基準法違反に問われてしまうのでしょうか。

Answer.

36 協定の締結・届出は、時間外労働だけでなく、法定休日に労働をさせる場合にも必要であり、協定が有効とされるためには締結しただけでは足りず、所轄の労働基準監督署への届出によって初めてその効力が発生するものです（労働基準法第36条第1項）。

例えば、36協定の有効期間を「4月1日からの1年間」と定めて労働基準監督署に持参した場合、会社の控え書類に押印される受理印の日付も4月1日となるため、その日が効力発生日となりますが、持参日が遅れた場合は4月1日に遡及して有効となることはなく、持参日が効力発生日となります。ただし、通常は有効期間の開始日よりも前に届出を行いますので、この例でいうならば、遅くとも3月31日までに届出することになります。

では、今回のご相談のような場合、どのような対応をしなければならないのでしょうか。当事務所でも実際に取り扱ったことがあるケースで、原則としては通常の手続きと変わりはなく、4月1日には届出しなければ、労働基準法上は違反となってしまいます。36協定を作成する際には、従業員の中から過半数代表者を選出したりする等の準備が必要です。そうすると4月1日に出社してきた従業員の中から過

半数代表者を選び、協定届を作成し、代表者印を押印して届出すると
なると当日では間に合わない可能性が高いと思いますが、このような
状況であっても例外は認められていないのです。労働基準監督署にも
この件で問い合わせをしたことがあります。状況には理解を示しても
らえましたが、回答は期待していたものではありませんでした。

　届出は遅れてしまうが、それより前に時間外労働や休日労働をどう
してもさせなければならない事態であるのなら、それは仕方がないと
思います。作成後速やかに届出しましょう。また、違法状態であります
が、残業代の支払いが必要であることに変わりはありません。

　仮に36協定を4月4日に届出した場合、4月1日～3日の間は時
間外労働も休日労働もさせなければ「違法に残業をさせたことにはな
らない」と言えるので、可能な限り時間外労働等をさせない努力が求
められます。

　なお、36協定を締結・届出しなければ時間外労働等を従業員に命
じることはできませんが、その他就業規則等にも「会社は、業務上必
要のあるときは、36協定の範囲内で従業員に対して時間外労働また
は休日労働を命じることがある。」のような規定をしておかなければ
なりません。

　「日立製作所武蔵工場事件(最高裁第一小法廷判決平成3年11月28日)」
では、時間外労働を命じられた労働者がこれを拒否したため、会社は
出勤停止の懲戒処分としました。しかし、その後も同様の行為を行っ
たため、最終的に会社はこの労働者を懲戒解雇したところ、これが無
効であると主張し提訴したものです。

　判決では就業規則の内容は合理的なものであり、36協定の内容に
ついても「相当性を欠くということはできない。」とし、労働者側が
敗訴となりました。この判決からも、36協定の作成・届出がいかに
重要なものであるかお分かりいただけると思います。

⑨ 従業員代表を選出する場合の 注意点とは

> Q. 働き方改革関連法が施行された中、就業規則や 36 協定の締結・届出をする際に必要な従業員代表の選出についても改正があったそうですが、それはどのような内容となっているのでしょうか。

Answer.

従業員代表（過半数代表者）の選出が必要となる手続きには次のようなものがあります（労働基準法関連）。

1）就業規則の作成又は変更について意見聴取を行う場合
（労働基準法第 90 条）

2）労使協定の締結

① 貯蓄金管理協定
（労働基準法第 18 条第 2 項）

② 賃金控除に関する協定
（労働基準法第 24 条第 1 項）

③ 1 か月単位の変形労働時間制に関する協定
（労働基準法第 32 条の 2）

④ フレックスタイム制に関する協定 （労働基準法第 32 条の 3）

⑤ 1 年単位の変形労働時間制に関する協定
（労働基準法第 32 条の 4）

⑥ 1 週間単位の非定型的労働時間制に関する協定
（労働基準法第 32 条の 5）

⑦ 一斉休憩の適用除外に関する協定
（労働基準法第 34 条第 2 項）

⑧ 時間外労働・休日労働に関する協定
　(労働基準法第36条第1項)

⑨ 代替休暇に関する協定
　(労働基準法第37条第3項)

⑩ 事業場外みなし労働時間制に関する協定
　(労働基準法第38条の2)

⑪ 専門業務型裁量労働制に関する協定
　(労働基準法第38条の3)

⑫ 時間単位の年休に関する協定
　(労働基準法第39条第4項)

⑬ 計画年休に関する協定
　(労働基準法第39条第6項)

⑭ 年休の賃金を健康保険法に定める
　標準報酬日額相当額で支払う場合の協定
　(労働基準法第39条第9項)

　労働基準法以外でも育児介護休業法関係等、過半数代表者の選出が必要な協定があり、選出がいかに重要な手続きであるかお分かりいただけるかと思います。ところが過去に大手有名企業による過半数代表者の不正な選出が明らかとなり、その後厚生労働省が全国の労働局に対して、労働基準監督署が36協定の届出を受け付ける際、過半数代表者の選出方法について「不正な疑いがある」と思われる場合は、確認を徹底するよう通達を出しました。

　その後もリーフレット等で、過半数代表者を選出する際の注意事項を挙げた上で注意を促してきました。具体的に次の2つをポイントとしています。

ポイント1　労働基準法第41号第2号に規定する
　　　　　　管理監督者でないこと

ポイント2　36協定を締結するための過半数代表者を
　　　　　　選出することを明らかにした上で、投票、
　　　　　　挙手などにより選出すること

　今回、省令（労働基準法施行規則第6条の2）が改正され、過半数代表者の選任について留意すべき事項が明確化されました。

　ただし、その内容については前述のポイントと大きく変わるものではありません。

　厚生労働者による省令改正のポイントは次のとおりです。

① 過半数代表者の選任に当たって、使用者の意向に基づいて選出された者でないことに留意しなければなりません。

② 使用者は過半数代表者が協定締結に関する事務を円滑に遂行することができるよう、必要な配慮を行わなければなりません。

　つまり、会社が過半数代表者を指名することなく、過半数代表者は管理監督者に該当する者でもなく、投票や挙手等により選出すること等を求めています。筆者の事務所で36協定の作成・届出をお手伝いする場合、ワンフロアで十数名程度の会社であれば「従業員間の話し合い」または「挙手」、それ以上の規模の会社であれば「投票」で選出するよう推奨しています。

〝労働時間の把握義務〟

⑩ 労働時間の把握は、もともと企業の義務ではなかったのでしょうか

> Q. 働き方改革に関する行政の資料を見ていると、年次有給休暇の時季指定義務や労働時間の上限規制の他、労働時間の把握も義務として課せられたようですが、これは法律に明文化する以前より義務であったという認識でした。
> この認識は間違っていたのでしょうか。

Answer.

　もし、労働時間の把握は必要ないということだと、毎月の時間外労働等の計算ができず残業代の支払いもできませんし、過重労働となっている従業員を把握することもできません。助成金を申請しようとしても労働時間を把握した出勤簿がなければ書類は受理されません。

　このように労働時間の把握は、法律に規定されているかどうかを問わず、必要なことであることに間違いはありません。

　ところが、これまで労働時間の把握については「労働時間の適正な把握のために使用者が講ずべき措置に関するガイドライン」（2017年1月20日策定）に記載があるだけでした。そのガイドラインでは、使用者が労働時間を適正に把握するため講ずべき措置として7つ挙げられています。

① 始業・終業時刻の確認・記録
② 始業・終業時刻の確認及び記録の原則的な方法
③ 自己申告制により始業・終業時刻の確認及び
　 記録を行う場合の措置

④ 賃金台帳の適正な調製
⑤ 労働時間の記録に関する書類の保存
⑥ 労働時間を管理する者の職務
⑦ 労働時間等設定改善委員会等の活用

　ただし、対象となる労働者は、「労働基準法第41条に定める者及びみなし労働時間制が適用される労働者（事業場外労働を行う者にあっては、みなし労働時間制が適用される時間に限る。）を除くすべての労働者」とされており、労働基準法第41条に規定されている管理監督者等や、事業場外みなし労働時間制、専門業務型裁量労働制、企画業務型裁量労働制が適用される労働者は、労働時間の把握は不要ということを意味しています。

　しかし、働き方改革関連法は長時間労働の是正等をその目的としているわけですから、どのような働き方であっても労働者の健康確保という意味で労働時間の把握は必須のはずです。そこで労働安全衛生法を改正し、第66条8の3に次の条文が追加されました。これにより労働時間の把握がガイドラインから法律へ移行したのです。

　事業者は、第66条の8第1項又は前条第1項の規定による面接指導を実施するため、厚生労働省令で定める方法により、労働者（次条第1項に規定する者を除く。）の労働時間の状況を把握しなければならない。

　　　※「第66条の8第1項」：長時間労働者に対して、医師による面接指導を実施する規定
　　　「前条第1項」：新技術等の研究開発業務に携わる労働者に対して、医師による面接指導を実施する規定
　　　「次条第1項」：高度プロフェッショナル制度に関する規定

　そして労働安全衛生規則第52条の7の3で次のような内容が明記
されました。

●タイムカードによる記録をすること

●パソコンのログインからログアウトまでの時間の記録等をすること

●労働時間の状況の記録については3年間保存するため
　必要な措置を講じること

　タイムカードによる記録も、パソコンの使用時間の記録も「客観的
な方法」による記録であり、管理監督者や裁量労働制の適用対象者も
同様の方法で把握しなければなりません。ただし、罰則はありません。

　中小企業においては未だに「出勤簿はつけていない」という例に出
会うことがありますが、様々なリスクを背負っているのと同じであり、
速やかな是正が認められます。

⑪ 終業時刻後、用事もないのに残っている場合は 時間外労働としなくて良いか

> Q. 当社の社員の中には、勤務終了後も用事がないのに会社に
> 残ってダラダラしている者がいるようです。
> しかもその時間を時間外労働として申告しており、上司が帰
> 宅するよう指導もしていません。
> この場合、申告してきた時間外労働は認めなければならない
> のでしょうか。

Answer.

結論から申し上げるのであれば、「労働時間としてカウントし、時間外労働が発生している場合は割増賃金の支払いが必要となる可能性が高い」ということになるでしょう。

　会社の就業規則では社員の出退勤に関し、次のような規定を設けていることが一般的です。

「従業員は、始業時刻には業務を開始できるよう出社し、終業時刻後は会社の指示がある等の特別の事情がない限り速やかに退社すること。」
「従業員が時間外労働、休日労働及び深夜労働を行う場合には、事前に会社の許可を得て行わなければならない。」

　貴社においてもこれらの規定が設けられているという前提だとすると、ご質問の社員は自己の業務が終了しているにもかかわらず会社に残っており、何らかの業務があったとしても時間外労働の事前申請をしていません。従って、残業代の支払い以前の問題として、会社の服務規律違反により懲戒処分の対象となる可能性さえあります。

　ところが就業規則の規定があっても、上司が「仕事が終わったのであればさっさと帰宅しなさい」等のように、注意指導をしていればともかく、何の注意指導もなかったような状況が継続するようだと、それは上司が黙認したと認定されることがあります。

　実際に仕事をすることもなく、他の社員とおしゃべりをしていて時間だけが過ぎていったような場合でもです。

　いわゆる「ダラダラ残業」「残業の承認制度」が裁判に至ったケースは多数あるので、2つの例を紹介しておきたいと思います。

〈クロスインデックス事件　東京地裁判決平成 30 年 3 月 28 日〉

　この会社においては、時間外労働を行う場合は会社に対して事前に申請を行い、承認を得なければならないことになっていました。ある社員が残業の一部について、会社の承認を受けることなく時間外労働を行っており、未払いの割増賃金と付加金の支払いを求めて提訴したものです。

　この事件における裁判所の判断は次のようなものでした。

・原告の業務量は多く、所定労働時間内に業務を終えることは
　困難であった

・原告の時間外労働は常態化していた

・原告が残業の承認を得るための申請をし、会社がその申請を
　承認したかどうかは関係なく、会社が黙認（黙示の指示）
　していたと認めるのが相当

　これらを踏まえ、会社に対して未払いの割増賃金と付加金の支払いを命じました。

〈株式会社乙山事件　東京地裁判決平成 24 年 3 月 23 日〉

　タクシー会社に勤務していた社員が、退職後に未払いの割増賃金と付加金の支払いを求めたものです。原告は毎日午前 5 時頃から出社し、午後 5 時頃まで会社に残っていたものの、会社の社長は原告に会う度に早く帰宅するよう促していました。裁判所は朝 5 時という出社については労働時間であると認定したものの、午後 5 時まで会社にいた点については社長が退社するようその都度促していたことや、会社に居残る必要性もなかったとして労働時間としては認めませんでした。したがって、請求額約 1,200 万円に対し、裁判所が会社に対して命じた支払額は約 105 万円と付加金 50 万円の計 155 万円でした。

　これらの判決から、残らなければ業務が終了しない等の事情があれば、時間外労働の事前承認を得たかどうかは影響を及ぼさない可能性があり、この場合は業務の割振りや効率化を検討しなければならないでしょう。そして、時間外労働の必要性がないときは、上司等が率先して帰宅するよう指導することがキーポイントとなります。

〝勤務間インターバル・テレワーク等〟

⑫ 勤務間インターバルの「休息時間」とは何時間以上をいうのか

> Q. 当社では、従業員の働き過ぎを防止するため、勤務間インターバル制度を導入することを検討しています。
> 導入する場合、どの程度のインターバルを設けなければならないのか等、基準が分かりませんので教えて下さい。

Answer.

働き方改革を推進するため、労働基準法や労働安全衛生法、労働者派遣法等多くの法律が改正され施行となりました。勤務間インターバルに関する法律は「労働時間の設定の改善に関する特別措置法」といい、改正による施行日は 2019 年 4 月 1 日です。

　この法律の第 2 条（事業主等の責務）で、勤務間インターバルは次のように規定されています。

> 　事業主は、その雇用する労働者の労働時間等の設定の改善を図るため、業務の繁閑に応じた労働者の始業及び終業の時刻の設定、健康及び福祉を確保するために必要な終業から始業までの時間の設定、年次有給休暇を取得しやすい環境の整備その他の必要な措置を講ずるように努めなければならない。

　線の引かれた箇所が、改正に伴い新たに追加された部分ですが、この条文の最後は「努めなければならない」となっているため、勤務間インターバル制度の導入は事業主の義務ではなく、「努力義務」です。それでも改正法が施行される前から、ユニ・チャームや本田技研工業

等の大企業は導入しており、今後中小企業にも少しずつ広がっていくものと思われます。

　そこで本題となりますが、勤務間インターバル時間（休息時間）はどの程度とする必要があるのでしょうか。

　この法律では努力義務に過ぎないため、「何時間でも良い」ということになります。しかし、勤務間インターバル制度の目的は、その日の勤務終了後から一定時間の休息時間を設けることにより労働者の過重労働を避け、健康を守ろうというものであるため、休息時間が短すぎるような制度ならそれは全く意味のない制度と言えます。

　先行して導入している企業の例だと8時間〜11時間で設定しているようですが、もし、貴社が中小企業であるならば、働き方改革推進支援助成金の「勤務間インターバルコース」で示されている成果目標を参考とすれば良いでしょう。

※助成金の名称や支給条件等は変更されていることがあります。

　このコースの受給要件である成果目標は、「休息時間数が9時間以上11時間未満」又は「11時間以上」の勤務間インターバルを導入することとなっています。

　したがって、まずは休息時間が9時間となるような勤務間インターバル制度を導入し、その導入に要した費用（外部講師による研修費用、社労士に委託した就業規則の変更費用、労務管理用のソフトウェアの導入費用等の中から1つ以上を実施すれば良い）を助成金の対象となる経費として申請すれば、上限額はあるものの一定額が支給されるため、ぜひ活用を検討して下さい。

　勤務間インターバル制度は現状努力義務であることは何度か述べましたが、将来的には「義務」に格上げされる可能性は十分にあると思いますので、先んじて導入しておかれるのが良いのではないで

しょうか。

　なお、勤務間インターバルを導入する場合は、就業規則に規定することが必要です。参考までに、厚生労働省作成の「就業規則の規定例」を記載しておきます。

「第〇条　いかなる場合も、労働者ごとに1日の勤務終了後、次の勤務開始までに少なくとも〇時間の継続した休息時間を与える。ただし、災害その他避けることができない場合は、この限りではない。
2　前項の休息時間の満了時刻が、次の勤務の所定始業時刻以降に及ぶ場合、当該始業時刻から満了時刻までの時間は労働したものとみなす。」

⑬ 勤務間インターバルは 全社一斉に導入する必要があるのか

> **Q.** 当社でも勤務間インターバル制度を導入してみたいと思うのですが、業種の特性上、全社一斉に導入することは現実的に難しいので判断に迷っています。例えば、「管理部門だけに試験的に導入する」というようなことは可能なのでしょうか。

Answer.

勤務間インターバル制度の導入は法的義務が課せられていないため、全社一斉に導入することはもちろん、一部の支店や営業所、あるいは「○○部」「○○課」等のように、適用対象を限定した上で導入することも可能です。試行的に一部の部門だけに導入している企業も実際にあります。また、「本社の勤務間インターバル時間数は10時間とし、○○支社の勤務間インターバル時間は9時間とする」というような運用もできます。

もっとも、勤務間インターバル制度が努力義務とはいえ新たに規定されたのは、働き過ぎを防止し、労働者の心身の健康を確保することが目的だからです。そのため、通常であれば導入がしやすい、試しやすい管理系の部門から「まずは導入してみよう！」となりがちですが、可能であるならば部門ごとに2～6か月間の時間外労働や休日労働を集計し、1人1か月当たりの残業時間を算出の上、過重労働になりつつある部門から導入したいものです。

また、勤務間インターバル制度におけるインターバル時間をどの程度とすれば良いのか（**Q12**「勤務間インターバルの「休息時間」とは何時間以上をいうのか」を参照）という点は重要ですが、導入した制度が実際に守れなかった場合はどうするのか（例えば何らかの罰則を設けるとか、人事評価に影響があるとか）、導入後の勤怠状況をどのようにチェッ

クしていくか、一部門だけ導入したことで、他部門から不平不満が出た場合はどうするか等も事前に考えておかなければならないでしょう。

　導入後は、仕事に支障が生じることはなかったか、あるいは、逆に仕事の効率性が向上した等の効果測定を行うことが必要でしょう。その上で、全社員・全部門を対象とするかどうか決定すれば良いかと思います。勤務間インターバル制度を導入し着実に実行した会社の中には、時間外労働を減少させることに成功しつつ、従業員からの不満もなく、生産性を向上させたところもあるのです。

> ※厚生労働省の「平成29年就労条件総合調査」（平成29年12月公表）によれば、勤務間インターバルについて「導入している」と回答した企業（常用労働者が30人以上の民営企業）の割合はわずか1.4％であった。

Q. 当社では、全社員を対象としたテレワークを実施することにしました。制度の内容や条件はこれから検討することになりますが、その内容等について就業規則へ規定する必要はあるのでしょうか。
就業場所が会社から自宅等になるだけなので、できれば変更手続きをすることなく実施したいのですが。

Answer.

新型コロナウイルス感染症の世界的流行により、大企業を中心としてテレワークの導入が急激に進んでいます。

このような形で働き方改革が進むことは皮肉ですが、この流れは今後も続いていくものと思われます。

ところでテレワークとは、厚生労働省によると「ICT（情報通信技術）を活用した場所にとらわれない柔軟な働き方」であり、労働者の自宅で業務を行う「在宅勤務」の他に、本来の就業場所ではない場所に設置されたオフィスで業務を行う「サテライトオフィス勤務」、オフィスではなく、例えば「今日はカフェ、次の日はファミレスで」業務を行う仕事場所が限定されない「モバイルワーク」をいいます。これらのテレワークは、企業が雇用している労働者に対して利用させるため「雇用型テレワーク」と呼ばれ、個人事業主等が利用する形態は「自営型テレワーク」と呼ばれます（自営型テレワークはここでは触れません）。

いずれの働き方を導入・選択する場合であっても、労働基準法や関係諸法令が適用されることに変わりはなく、就業規則にも規定する必要があります。筆者の事務所にも「新型コロナウイルス感染防止対策として既にテレワークを導入したが、就業規則の変更手続きは必要で

しょうか?」という問い合わせが複数寄せられ、結果として就業規則に新たに規定を追記するか、テレワーク規程を別途作成しました。就業規則には人事異動（転勤や出向等）に関する規定が通常明記されていますが、労働者の自宅での勤務は想定されていないはずです。また、会社や上司が労働者の労働時間について直接的に管理することができないので、労働時間の取扱いについても決めておかなければなりません。よって、就業規則に規定しなければテレワークを実施することができないのです。

　前述のとおり就業規則に直接規定する形でも良いですし、「テレワーク規程」のように別規程として制定する形でも構いません。いずれの方法を取った場合でも、常時使用する労働者が 10 人以上であれば、所轄労働基準監督署に届出して下さい。

　就業規則又はテレワーク規程に規定すべき内容を次に挙げておきます。

① テレワークの定義
　（在宅勤務等の選択肢からどれを採用するか）

② テレワークの対象者
　（全社員対象とするのか、新規学卒者等、適用対象外とする社員はいないのか）

③ テレワーク時の服務規律について

④ 労働時間、休憩、休日や時間外労働等の取扱いについて

⑤ 業務の開始及び終了時の報告方法や
　業務の進捗等に関する報告方法

⑥ 給与の取扱い
　（新たに「テレワーク手当」を支給するか、通勤手当の取扱いはどうするか）

⑦ テレワークにかかる費用の負担

⑧ その他緊急時の対応等

なお、常時使用する労働者が 10 人未満である会社の場合は就業規則の作成義務がないため、この場合は就業規則を作成するか、そうでない場合は「労働条件通知書」（雇用契約書）に明示するようにしましょう。また、就業規則作成義務のある会社であっても、テレワーク導入後に新たに労働者を雇用する場合は、やはり労働条件通知書に明記することを忘れないようにして下さい。

⑮ テレワークの労働時間や休憩、人事評価はどうすべきか

> Q. 現在、在宅勤務によるテレワークの導入を検討しています。しかし、労働時間の把握や業務に対する成果をどのように評価したら良いか等の課題があるため、アドバイスをいただければと思います。

Answer.

テレワークを新規に導入しようと検討している会社の方からのご相談では、必ずと言っていいほど「労働時間の把握方法（カウント方法）をどうしたら良いのか?」と「評価をするための成果物（アウトプット）をどのように決めるべきなのか?」といったものが質問として挙がります。

そこでどうすべきなのかという点について、以下解説させていただきたいと思います。

(1) 労働時間や休憩時間の把握はどうするべきか

テレワークを導入する場合であっても、原則として就業規則に規定されている通常の労働時間制が適用されます。休憩時間についても同様です。会社に出社する場合はタイムカードやICカードで出退勤の時刻を把握することが可能ですが、在宅勤務のようなテレワーク実施時においては、WEBの勤怠管理システムや独自のシステムにより勤務の開始及び終了時刻を報告するようにしているところが多いようです。テレワークの実施には情報通信機器やソフトウェアの準備が必要となるので、その際に勤怠管理システム等を併せて用意すると効率的です。なお、通常の労働時間制が馴染まない場合は変形労働時間制やフレックスタイム制等も活用することができます。条件が揃えば事業

場外のみなし労働時間制も適用可能とされていますが、ハードルは実際のところ高いと個人的には思っています。

(2) 人事評価はどうするべきか

　テレワーク期間中は出社をしないため、会社や上司の目に触れることがありません。そのため社員に対する勤務評価や行動評価をすることが難しく、具体的な成果・結果により評価することが増えるものと考えられます。そうすると「何をもって評価対象とするのか」という点が問題となります。営業職であればテレワークにより顧客への訪問ができなくなったとしても、電話やメール等によりアポイントや打ち合わせを行うことはできるので、顧客の獲得件数や売上高等による定量評価（＝数値による評価のこと）は可能でしょう。一方、定量評価することが難しい人事や経理等の管理部門や、成果が表れるまでに相当の時間がかかることもある開発部門については慎重に検討しなければならないでしょう。

　もし、テレワーク導入後の評価基準や評価方法が導入前と比較して変更される場合は、どのように変更され、どのような成果が評価対象となるのか等を事前に説明しておくことが重要です。場合によっては経過措置や代償措置も検討しておかなければならないでしょう。

　そして一旦評価基準や評価方法を決めたのであれば、頻繁にその基準や方法を変更しないことを推奨します。必要性があるなら変更するべきですが（その場合は十分な説明を行い、理解を得るような努力が必要）、それでも短期間に何度も変更することだけは避けて下さい。なぜならば、繰り返し制度が変更されると、社員は制度や会社に対し段々懐疑的になっていくことが筆者の経験上も明らかだからです。

　「また変更するのか……」「何故変更する必要があるのか？」や「どうせ悪いもの・厳しいものになるんだろう！」と思われてしまうようでは社員の不平不満が溜まるだけで、人事評価制度の本来の目的を達成することが困難となるでしょう。

16 テレワークにかかる導入費用の負担はどうすべきか

Q. 当社でもテレワークを導入する方針を決定しました。
当社はIT企業ではないのでテレワークにかかる通信機器等を一から用意する必要があります。
この場合、他社では会社と社員の費用負担は一般的にどうしているのでしょうか。

Answer.

テレワーク制度を導入・実施するに際し、どのような費用が発生し、その負担を会社と社員でどう分けるのか等を予め決定しておかなければなりません。

また、テレワークの形態が在宅勤務なのか、あるいはモバイルワークなのかによっても負担内容が変わる場合がありますので、それぞれの形態に応じた負担割合を定めておくことが必要となります。

テレワークにおいて発生する費用には次のようなものがあります。

① パソコン（ノート、タブレット、モバイル等を含む）やプリンタにかかる費用
② 携帯電話、スマートフォンにかかる費用
③ 遠隔操作するための機器やソフトウェアにかかる費用
④ 通信回線にかかる費用（通信費、工事費、基本料金）
⑤ 水道光熱費
⑥ 業務に必要な郵送費（切手、宅急便代）
⑦ 事務用品やその他消耗品

この中で、会社がパソコンやプリンタ、スマートフォン、ソフトウェア等を貸与し利用させる場合の通信費は、全額会社負担とするのが一般的です。工事費は1回限りに発生するものであり、業務以外でも利用することから個人負担とする会社もあるようですが、新型コロナウイルスの感染拡大に伴い在宅勤務制度を実施した会社の中には、パソコン等の費用の他、パソコン用デスクも含めたあらゆる費用を全額会社負担としたケースもあるようです。

　在宅勤務において発生する水道光熱費は、社員負担とする会社が多いと思います。ただし、筆者の顧問先が実施しているように「テレワーク手当」のような形で支給することにより社員の負担軽減を図っている会社もあります。業務上必要な郵送費や事務用品、その他消耗品は全額会社負担とするべきです。

　これらの購入を社員自身が行い使用するとき、ルールを何も決めていないと実際に業務で使用したかどうか確認することが難しい場合があります。そのため「事前に申請し会社が必要であると認めた場合に限り、会社負担とする」といったルールを決めておくと良いでしょう。

　このように負担割合をどうするかは労使間で決めていただくのが良いと思いますが、社員に対して費用負担をさせる場合は、その旨を就業規則に明記しておかなければなりません。その根拠となる条文を記載しておきます。

労働基準法第89条（作成及び届出の義務）

　常時10人以上の労働者を使用する使用者は、次に掲げる事項について就業規則を作成し、行政官庁に届け出なければならない。次に掲げる事項を変更した場合においても、同様とする。

労働基準法第89条第1項第5号

　労働者に食費、作業用品その他の負担をさせる定めをする場合においては、これに関する事項

　中小企業がテレワーク制度を導入・実施するときは、「働き方改革推進支援助成金」のテレワークコース（2020年4月時点での内容に基づく）の利用をぜひとも検討して下さい。次のいずれか1つ以上の取組みを行い、その取組みにかかった費用が助成されます。

●テレワーク用通信機器の導入や運用費用
　（パソコンやソフトウェア、サテライトオフィスの利用料等が対象となりますが、パソコンでも対象外となるものがあり、スマートフォン等はもともと対象外のため事前確認が必要です）

●就業規則等の作成や変更費用
　（テレワークに関する規定を明記する必要があるため）

●労務管理担当者や労働者に対する研修費用

●社会保険労務士等による導入コンサルティング費用

⑰ 時差出勤のメリット・デメリットや フレックスタイム制との違いとは

> **Q.** 当社は事業の性質上、テレワークを実施することが難しいため時差出勤制度を入れたいと思います。
> ただし、デメリットがないか心配で、デメリット次第ではフレックスタイム制も考えたいと思います。
> どちらの制度が良いでしょうか。

Answer.

貴 社の事業がどのようなものか分からないため、一概にどちらが良いかという判断はできません。

　そこで時差出勤導入のメリットとデメリットを挙げるとともに、フレックスタイム制との違いも記載しますので、参考にしていただければと思います。

(1) 時差出勤のメリット

　就業規則で定められた始業時刻を早めたり、遅らせることにより通勤ラッシュを回避できることが最大のメリットであることは言うまでもありません。混雑時を避けることで社員の心身の負担を軽減することが可能となりますし、小さなお子さんがいる家庭では幼稚園・保育園への登園にあたり、時間的余裕が生まれます。

　東京都では以前より「時差 Biz」という言葉を用いて、個人のメリットとして「満員電車の回避」の他、「通勤時間の有効活用」「プライベートの充実」を挙げ、会社のメリットとして「従業員の働く意欲や生産性の向上」「東京都の時差 Biz ホームページへの会社名掲載」を挙げています。

　ところが実態として時差出勤制度は浸透しているとは言えず、筆者

の事務所にも時差出勤に関する相談があったことはこれまでありませんでした。しかし、新型コロナウイルス感染症が蔓延する中、政府が感染拡大を防止するため時差出勤を強く推奨するようになり、実施する会社が一挙に増えました。

(2) 時差出勤のデメリット

　最近では実施する会社が少なくなったと思われますが、朝の朝礼や会議を行っているような場合、全員揃って行うことができなくなります。

　例えば、通常の始業時刻が9時である会社が、週1回月曜日の9時に会議を行いたいのであれば、毎週月曜日は時差出勤の適用対象外とすることが必要となるでしょう。また、コールセンターのように部署によっては顧客や取引先との関係上、時差出勤の適用が向かないことがありますので、このような部署も適用対象外とするべきでしょう。

　就業規則では「業務上の必要性がある場合、会社が始業、終業時刻を変更することがある」ともともと規定されていることが多く、時差出勤を導入する場合はこの条文が適用できると考える方もいらっしゃるでしょう。しかし、ここで規定している内容はやむを得ない臨時的事情があった場合を想定しており、時差出勤制度を一時的なものでなく制度として導入するのであれば、就業規則に別途規定しなければなりません。

(3) フレックスタイム制との違い

　時差出勤は1日の労働時間は導入前と変わりませんが、フレックスタイム制は始業・終業時刻の決定を「労働者の自主的選択に委ねる」ので、1日2～3時間勤務ということもある一方、8時間を超えて勤務することもある点、つまり「出退勤の自由度」が時差出勤との大きな違いと言えるでしょう。

　フレックスタイム制を採用している会社で問題になるケースとして、

出退勤の時刻が社員任せとなることから自己管理が疎かとなり、業務の効率化や生産性向上がかえって低下するというものです。このような時は締結した労使協定の内容に従い、フレックスタイム制の適用を解除する措置が取られることが通常です。

第2章

同一労働同一賃金に関するQ&A

〝非正規労働者の同一労働同一賃金〟

① 契約やパート、アルバイト等、全ての雇用形態が同一労働同一賃金の対象となるのか

> Q. 当社は中小企業で、同一労働同一賃金の対応は 2021 年 4 月からと理解しています。
> 正社員の他、契約社員やアルバイトも雇用していますが、このような非正規雇用といわれるような社員も全て同一労働同一賃金の対象者となるのでしょうか。

Answer.

正社員と非正規社員との間の不合理な待遇差を解消することを目的とした「パートタイム・有期雇用労働法」が、2020 年 4 月 1 日より施行されました。

中小企業は 2021 年 4 月 1 日からとなります。そこでまずはここでいう「中小企業の定義を」を確認することにします。

小売業及びサービス業……… 資本金の額又は出資の総額が 5,000 万円以下、常時使用する労働者数 50 人以下（小売業）、100 人以下（サービス業）

卸売業………………………… 資本金の額又は出資の総額が 1 億円以下、常時使用する労働者数 100 人以下

その他の事業………………… 資本金の額又は出資の総額が 3 億円以下、常時使用する労働者数 300 人以下

※「資本金の額又は出資の総額」か「常時使用する労働者数」のどちらか一方の要件を満たせば、中小企業に該当します。

　次に「雇用形態の定義」を確認します。パートタイム・有期雇用労働法では、「通常の労働者」「パートタイム労働者」「有期雇用労働者」を以下のとおり定義しています。

通常の労働者………………　いわゆる正規型の労働者と無期雇用フルタイム労働者（事業主と期間の定めのない労働契約を締結しているフルタイム労働者）をいいます。

パートタイム労働者（短時間労働者）……
　　　　　　　　　　　　　　1週間の所定労働時間が同一の事業主に雇用される通常の労働者の1週間の所定労働時間に比べて短い労働者をいいます。

有期雇用労働者………………　事業主と期間の定めのある労働契約を締結している労働者をいいます。

　ここでおそらく多くの方が次のような疑問を抱き、混乱したりすると思います。

① 正規型の労働者と無期雇用フルタイム労働者の違いは何なのか？
② 有期雇用のパートや無期雇用のパートは、
　 パートタイム労働者と有期雇用労働者のどちらに該当するのか？
③ 短時間正社員は通常の労働者なのか、
　 それともパートタイム労働者なのか？

　正規型の労働者とは、通達「短時間労働者及び有期雇用労働者の雇用管理の改善等に関する法律の施行」（基発0130第1号、職発0130第6号、雇均発0130第1号、開発0130第1号平成31年1月30日）において、「労

働契約の期間の定めがないことを前提として、社会通念に従い、当該労働者の雇用形態、賃金体系等（例えば、長期雇用を前提とした待遇を受けるものであるか、賃金の主たる部分の支給形態、賞与、退職金、定期的な昇給又は昇格の有無）を総合的に勘案して判断するものであること。」とされており、無期雇用フルタイム労働者とは、「その業務に従事する無期雇用労働者（事業主と期間の定めのない労働契約を締結している労働者をいう。）」とされています。

　これを読んでみてもまだ？となるのではないでしょうか。実はこの無期雇用フルタイム労働者はいわゆる「5年ルール」で非正規から無期に転換した方を想定しています。転換しても無期となったことを除いて、労働条件が転換前と変わらないような場合です。

　有期雇用のパートタイマーや無期雇用のパートタイマーは、有期・無期に関係なく、いずれも「パートタイム労働者」に該当します。フルタイムの契約社員は、「有期雇用労働者」となります。

　短時間正社員とは、一般的に①期間の定めのない労働契約を締結していて、②時間当たりの基本給及び賞与・退職金等の算定方法等が同種のフルタイム正社員と同等の場合をいい、パートタイム・有期雇用労働法の対象労働者とはなりません。したがって正規型の労働者に位置付けられます。

② 総合職や一般職等、複数のタイプがある場合、それぞれの待遇差は同一労働同一賃金の対象となるのか

> Q. パートタイム労働者や有期雇用労働者と通常の労働者とを比較して、不合理取扱いとなっていないか、差別的取扱いとなっていないか確認する必要があることは理解していますが、正社員を総合職と一般職のように雇用管理上区分している場合も同一労働同一賃金の対象となるのでしょうか。

Answer.

　正社員を総合職と一般職に区分している雇用管理制度は「コース別雇用管理制度」と呼ばれています。

　会社によっては総合職や一般職の他、専門職、中間職、現業職、準総合職等を組み合わせた制度を設けている例もあります。

　「通常の労働者」とは正規型の労働者と無期雇用フルタイム労働者をいうので、これらに該当すれば総合職や一般職の他、短時間正社員や限定正社員（勤務地や職種が限定された上で雇用されている者）も「通常の労働者」に含まれます。

　　　　　　　　※例えば総合職の契約社員は有期雇用労働者なので、
　　　　　　　　「通常の労働者」に該当しません。

　つまり、パートタイム・有期雇用労働法では、総合職や一般職、専門職という雇用管理区分があるからと言って、総合職と一般職等の待遇差を比較検討する必要はありません。この法律では対象とされていないのです。

　厚生労働省の「多様な人材活用で輝く企業応援サイト」では、同一労働同一賃金を実現した会社の事例が多数掲載されており、その中か

ら複数あった雇用管理区分を廃止し、正社員に一本化したクレディセ
ゾンを参考までにご紹介します。クレディセゾンの人事制度は「総合
職社員」（基幹職）、「専門職」（営業や会計等専門業務に従事）、「メイト
社員」（総合職の業務支援やコールセンター担当）の３つの形態がありま
した。これを全社共通の人事制度の導入に伴い、雇用管理区分を「正
社員」統一しました。

　従前で専門職は昇格の上限があったり、メイト社員は非正規雇用で
したが、「正社員」に組み込まれることにより、全員無期雇用で昇格
の上限はなくなり、福利厚生も従前の総合職の水準で統一されたそう
です。

　人事制度改定により非常にシンプルな分かりやすい制度になったと
思いますが、全ての会社がこのような改革を行えるわけではありませ
んので、各社の事情に応じて人事制度・賃金制度を制定・改定してい
くしかありません。

③ 基本給や諸手当、賞与等の賃金についてのみ均等・均衡待遇とすれば問題ないか

> **Q.** 有期契約社員やパートタイマーを雇用している当社のような会社の場合、同一労働同一賃金への対応として基本給や諸手当、賞与等の賃金に関するものについてだけ均等待遇・均衡待遇を実現すれば問題ないでしょうか。

Answer.

同一労働同一賃金という言葉だけみれば、「同じ仕事をしている場合は同じ給与額を支払うこと」と思ってしまうかもしれません。決して間違っているとは言えませんが、十分ではありません。その理由をパートタイム・有期雇用労働法の第8条と第9条で確認しましょう。

第8条（不合理な待遇の禁止）

　事業主は、その雇用する短時間・有期雇用労働者の基本給、賞与その他の待遇のそれぞれについて、当該待遇に対応する通常の労働者の待遇との間において、当該短時間・有期雇用労働者及び通常の労働者の業務の内容及び当該業務に伴う責任の程度（以下「職務の内容」という。）、当該職務の内容及び配置の変更の範囲その他の事情のうち、当該待遇の性質及び当該待遇を行う目的に照らして適切と認められるものを考慮して、不合理と認められる相違を設けてはならない。

第9条（通常の労働者と同視すべき短時間・有期雇用労働者に対する差別的取扱いの禁止）

　事業主は、職務の内容が通常の労働者と同一の短時間・有期雇用労働者（第11条第1項において「職務内容同一短時間・有期雇用労働者」という。）であって、当該事業所における慣行その他の事情からみて、

当該事業主との雇用関係が終了するまでの全期間において、その職務の内容及び配置が当該通常の労働者の職務の内容及び配置の変更の範囲と同一の範囲で変更されることが見込まれるもの（次条及び同項において「通常の労働者と同視すべき短時間・有期雇用労働者」という。）については、短時間・有期雇用労働者であることを理由として、基本給、賞与その他の待遇のそれぞれについて、差別的取扱いをしてはならない。

　いずれの規定も、基本給や賞与の他に「その他の待遇」について明記しています。「その他の待遇」は教育訓練や福利厚生も含まれており、パートタイム・有期雇用労働法第11条、第12条にそれぞれ規定されています。このうち第12条は短時間・有期雇用労働者が福利厚生施設を利用することができるようその機会を与えなければならないという、施設についてだけ規定されたものとなっています。

　しかし、平成30年12月28日に公表された「短時間・有期雇用労働者及び派遣労働者に対する不合理な待遇の禁止等に関する指針」（同一労働同一賃金ガイドライン）には、給食施設や休憩室、更衣室のような福利厚生施設だけなく、「転勤者用社宅」「慶弔休暇並びに健康診断に伴う勤務免除及び当該健康診断を勤務時間中に受診する場合の当該受診時間に係る給与の保障」「病気休職」「法定外の有給の休暇その他の法定外の休暇（慶弔休暇を除く。）であって、勤続期間に応じて取得を認めているもの」も福利厚生として明示されており、これらについても差別的や不合理な取扱いをしないよう対応が求められます。

　本ガイドラインには差別的・不合理とされない例も挙げられていますので、「病気休職」について見てみたいと思います。

　　A社においては、労働契約の期間が1年である有期雇用労働者であるXについて、病気休職の期間は労働契約の期間が終了する日までとしている。

　そもそも休職制度は解雇の猶予措置的な意味があり、法律上設けなければならないものではありません。そのためパートタイマーや有期契約労働者には休職制度の適用がないことが一般的です。ところが、ガイドラインで明示されている「問題とならない例」に該当しないならば、病気休職の取得を認めなければならないのです。
　このように賃金に関することに限らず、就業規則全般にわたって見直しをしなければなりません。

④ 「均等待遇」とするのか、「均衡待遇」とするのか、その判断基準は

Q. 通常の労働者と短時間・有期雇用労働者との間において求められている「均等待遇」と「均衡待遇」について、どのような場合が均等でなければならないのか、あるいは均衡でなければならないのか理解できていません。
判断基準のようなものがあれば教えて下さい。

Answer.

　パートタイム・有期雇用労働法において均等待遇とは「差別的取扱いを禁止すること」、均衡待遇とは「不合理な待遇差を禁止すること」です。言い換えれば、前者は通常の労働者と「同じ取扱いをしなければならない」ということであり、後者は通常の労働者との「バランスを考えた取扱いをしなければならない」ということであると言えるでしょう。

　そして具体的には、通常の労働者と短時間・有期雇用労働者の関係が次のような場合には、差別的取扱いや不合理な待遇差が禁止されています。

1）均等待遇
① 職務の内容
② 職務の内容・配置の変更の範囲
（※当該事業主との雇用関係が終了するまでの全期間において）

2）均衡待遇
① 職務の内容
② 職務の内容・配置の変更の範囲
③ その他の事情

　ここで「職務の内容」が２回ずつ出てきていることに疑問を持つ方がいるのではないでしょうか。厚生労働省の「不合理な待遇差解消のための点検・検討マニュアル」（パートタイム・有期雇用労働法への対応）では触れられていますが、80ページ以上のマニュアルであり、目を通したことがないとか、見てもよく分からないかもしれません。

　「職務の内容」は、「業務の内容」とその業務の「責任の程度」をいい、前者は販売職や管理職、事務職といった業務の種類（職種）とその職種の中でメインとなる業務をいいます。後者はその業務を行うために与えられている権限がどの程度のものかということで、例えば単独で決済できる金額の範囲や管理する部下の人数、決裁権限の範囲、職場において求められる役割等をいいます。通常の労働者が販売職で、短時間・有期雇用労働者も販売職であれば職務の内容は同じということになります。

　次に通常の労働者の中核的業務（メインとなる業務）が商品の販売業務の他、レジ打ちや接客応対、商品陳列であるところ、短時間・有期雇用労働者も実質的に同じ業務をしていれば職務の内容は同じですが、商品陳列は行っていないようなら職務の内容は異なることになります。

　最後に通常の労働者と短時間・有期雇用労働者の責任の程度が著しく異ならないようであれば職務の内容は同じであって、そうでないなら職務の内容は異なることになります。

　つまり、**職種が同じかどうか**▶**メイン業務は実質的に同じかどうか**▶**責任の程度が極端に違わないかどうか**、この順序で確認をしていき、1つでも相違があれば職務の内容は異なるという判断になります。

　「職務の内容・配置の変更の範囲」は、「職務の内容の変更の範囲」と「配置の変更の範囲」という意味なので、販売職から経理職への職種変更や地方から東京本社への転勤、一般職から主任、係長等への昇進といった人事異動・配置転換があるのかないのか、あるならばどの程度の範囲なのかということを言っています。

　転勤であれば、通常の労働者には全国転勤の可能性があるのに短時

間・有期雇用労働者には転勤がなければ、職務の内容・配置の変更の範囲は異なることになります。ただし、いずれも転勤がなければ次は職務内容等の変更の有無を見て行く必要があり、いずれも転勤がある場合は、その範囲が実質的に同じか異なるかを見て行かなければなりません。

　以上から、1）の①と②が同じであれば均等待遇となるのですが、②の※のとおり、雇用されている全ての期間において同じであることが必要である点に注意が必要です。
　2）③の「その他の事情」は、通常の労働者と短時間・有期雇用労働者との待遇差が、成果や能力、労使慣行等を事情としたものであるときは、必ずしも不合理とはされません。この場合は、通常の労働者との待遇の違いを説明できるようにしておかなければなりません。

⑤ 「差別的取扱いの禁止」「不合理な待遇の禁止」に違反した場合の罰則は

> Q. 正社員と契約社員、パートタイマーとの待遇格差を是正するため手当等の見直しを行いました。
> 法律違反となることは理解していましたが、手当の一部については人件費の問題から見直しすることができませんでした。
> この場合、罰則が適用されてしまうのでしょうか。

Answer.

パートタイム・有期雇用労働法では、通常の労働者と短時間・有期雇用労働者との間の「差別的取扱い」や「不合理な待遇」を禁止しており、ほとんど全ての事項について是正されていても、一部が是正されていないのであれば法違反とされます。

しかし、違反に対する直接的な罰則はありません。

罰則の適用はないものの、第18条に基づき厚生労働大臣による「報告の徴収・助言・指導・勧告」をされたり、勧告に従わない場合はその旨が「公表」されたりします。

第18条第1項

厚生労働大臣は、短時間・有期雇用労働者の雇用管理の改善等を図るため必要があると認めるときは、短時間・有期雇用労働者を雇用する事業主に対して、報告を求め、又は助言、指導若しくは勧告をすることができる。

第18条第2項

厚生労働大臣は、第6条第1項、第9条、第11条第1項、第12条から第14条まで及び第16条の規定に違反している事業主に対し、前項の規定による勧告をした場合において、その勧告を受け

た者がこれに従わなかったときは、その旨を公表することができる。

　通達「短時間労働者及び有期雇用労働者の雇用管理の改善等に関する法律の施行について」の中で第8条の「不合理な待遇の禁止」は、「同条に違反することが明確な場合」を除いて「報告の徴収・助言・指導・勧告」の対象としないとしています。つまり、通常の労働者には支給している手当を、短時間・有期雇用労働者には短時間労働者等であることを理由に不支給としているような場合が該当します。

　第6条第1項（労働条件に関する文書の交付等）、第9条（差別的取扱いの禁止）、第11条第1項（教育訓練）、第12条（福利厚生施設）、第13条（通常の労働者への転換）、第14条（事業主が講ずる措置の内容等の説明）、第16条（相談のための体制の整備）については、「報告の徴収・助言・指導・勧告」の対象にもなりますし、「公表」の対象にもなりえます。

　なお、第6条第1項は労働基準法に定めのある労働条件通知書（雇用契約書）の交付のことを言っており、第13条は短時間・有期雇用労働者から通常の労働者（いわゆる正社員）への転換を推進する内容です。これについては転換基準を短時間・有期雇用労働者へ周知しつつ、キャリアアップ助成金の活用を検討していただくのも良いでしょう。

　第14条は短時間・有期雇用労働者を雇い入れた場合や、本人から求められた場合には、通常の労働者との待遇差を説明しなければならないという内容（詳細は **Q6** の「非正規労働者から、待遇格差について説明を求められた場合の対応方法は」を参照）で、第16条はパワハラ防止法でも求められているような、何かあったら相談することができるような相談窓口の設置等が該当します。

　　※第18条第1項の規定による報告をしなかったり、虚偽の報告をした場合は20万円以下の過料に処せられます。

⑥ 非正規労働者から、待遇格差について説明を求められた場合の対応方法は

> Q. 先日、あるベテランパートタイマーから、「私はこの仕事の経験がそれなりにあると思っています。それなのに、同じ職場のAさんとの労働条件が違いすぎます。
> それはAさんが正社員で私がパートだからですか?」と問い詰められました。その時は何となく濁してしまいましたが、何と回答したらよかったのでしょうか。

Answer.

短時間・有期雇用労働者を新たに雇い入れた時や、既に雇用している短時間・有期雇用労働者から求めがあった場合には、事業主はその待遇等の説明をしなければなりません。パートタイム・有期雇用労働法の第14条に規定されているからです。

第14条（事業主が講ずる措置の内容等の説明）

第1項 事業主は、短時間・有期雇用労働者を雇い入れたときは、速やかに、第8条から前条までの規定により措置を講ずべきこととされている事項（労働基準法第15条第1項に規定する厚生労働省令で定める事項及び特定事項を除く。）に関し講ずることとしている措置の内容について、当該短時間・有期雇用労働者に説明しなければならない。

第2項 事業主は、その雇用する短時間・有期雇用労働者から求めがあったときは、当該短時間・有期雇用労働者と通常の労働者との間の待遇の相違の内容及び理由並びに第6条から前条までの規定により措置を講ずべきこととされている事項に関する決定をするに当たって考慮した事項について、当該短時間・有期雇用労働者に説明しなければならない。

第1項が雇い入れ時に関するもの、第2項が短時間・有期雇用労働者から求めがあった場合のものです。説明を求めた労働者に対する不利益取扱い（解雇や雇い止め、賃金の減額等）を禁止するものが第3項に規定されています。

説明しなければならないという点では第1項・第2項は共通していますが、説明しなければならない事項については異なります。

（1）雇い入れ時の説明義務

雇用管理上の措置の内容（賃金、教育訓練、福利厚生施設の利用、正社員転換の措置等）について、説明することが義務付けられます。なお、短時間労働者については、改正前のパートタイム労働法で既に義務とされていました。このため、パートタイム・有期雇用労働法となった際に、有期雇用労働者も加えられました。

（2）求めがあった時の説明義務

① 通常の労働者との間の待遇差の内容や理由を説明すること
② 待遇を決定するに当たって考慮した事項を説明すること

このうち②については（1）と同様に、パートタイム労働法で義務となっていたものですが、①はパートタイム労働法にも規定はなく、今回新たに創設されたものです。

短時間・有期雇用労働者に対する説明の方法は、「資料を活用し、口頭により行うことが基本であること」とされています。

したがって、短時間・有期雇用労働者に対して労働条件の内容（＝非正規用の就業規則や賃金規程、労働条件通知書等）を説明できるようにしておかなければならないことはもちろんのこと、待遇差の内容や理由についても説明できなければなりません。

　説明を行えば、質問も出てくることが予想されます。法の内容に沿った資料を作成し、口頭で作成資料どおりの説明はできるのかもしれませんが、内容を理解しておかなければ質問に対する回答に困ってしまうと思われます。

　待遇に関する説明義務が事業主に課せられたのは、短時間・有期雇用労働者にその内容を理解してもらうためであることは言うまでもありません。説明不足や勘違いによるトラブルを防ぐ意味でも分かりやすい資料を作成し、分かりやすい説明をしていただきたいと思います。

Q. 当社の正社員の基本給は月給制で、契約社員やパートタイマーは時給制を採用しています。いずれの場合においても基本給は本人の業績により決定し、支給されるものとなっていますが、それだけでは不合理とされたり、差別的取扱いをしているとされる場合もあると聞きました。どのような内容であれば問題ないのでしょうか。

Answer.

基本給の決定方法として、賃金規程には「本人の能力や経験等を考慮の上決定する」と明記してあるものがよく見られます。

　例えば新卒なら入社時の基本給は全員同額（院卒と大卒で異なるようなことはありますが）であっても、その後の貢献次第によって同額であった基本給にも相応の差がつくこととなります。基本給が上がる場合は、賃金テーブルに基づき昇給額が決定されるものや、会社の裁量で「大体これくらい」とか多様なパターンがあり、自社の基本給がどのような基準で決定するようになっているのか確認するところから始めましょう。

　その上で、「同一労働同一賃金ガイドライン」で説明されている基本給の原則的な考え方を確認し、自社の短時間・有期雇用労働者の現状の待遇に問題があれば是正するようにして下さい。ガイドラインでは、基本給は3つの考え方に整理されています。

(1) 基本給であって、労働者の能力又は
　　　経験に応じて支給するもの

　基本給であって、労働者の能力又は経験に応じて支給するものにつ

いて、通常の労働者と同一の能力又は経験を有する短時間・有期雇用労働者には、能力又は経験に応じた部分につき、通常の労働者と同一の基本給を支給しなければならない。また、能力又は経験に一定の相違がある場合においては、その相違に応じた基本給を支給しなければならない。

(2) 基本給であって、労働者の業績又は 成果に応じて支給するもの

基本給であって、労働者の業績又は成果に応じて支給するものについて、通常の労働者と同一の業績又は成果を有する短時間・有期雇用労働者には、業績又は成果に応じた部分につき、通常の労働者と同一の基本給を支給しなければならない。また、業績又は成果に一定の相違がある場合においては、その相違に応じた基本給を支給しなければならない。なお、基本給とは別に、労働者の業績又は成果に応じた手当を支給する場合も同様である。

(3) 基本給であって、労働者の勤続年数に応じて 支給するもの

基本給であって、労働者の勤続年数に応じて支給するものについて、通常の労働者と同一の勤続年数である短時間・有期雇用労働者には、勤続年数に応じた部分につき、通常の労働者と同一の基本給を支給しなければならない。また、勤続年数に一定の相違がある場合においては、その相違に応じた基本給を支給しなければならない。

この3つの考え方にはそれぞれ「問題とならない例」「問題となる例」が例示されています。紙面の都合上、ここではご質問にもありました業績又は成果に応じて支給するもので、問題とならない例となる例を確認しておくこととします。

〈問題とならない例〉

A社においては、通常の労働者であるXは、短時間労働者であるYと同様の業務に従事しているが、Xは生産効率及び品質の目標値に対する責任を負っており、当該目標値を達成していない場合、待遇上の不利益を課されている。その一方で、Yは、生産効率及び品質の目標値に対する責任を負っておらず、当該目標値を達成していない場合にも、待遇上の不利益を課されていない。A社は、待遇上の不利益を課していることとの見合いに応じて、XにYに比べ基本給を高く支給している。

〈問題となる例〉

基本給の一部について、労働者の業績又は成果に応じて支給しているA社において、通常の労働者が販売目標を達成した場合に行っている支給を、短時間労働者であるXについて通常の労働者と同一の販売目標を設定し、それを達成しない場合には行っていない。

　前者の例が問題とならないのは、通常の労働者が負っている責任と結果に対する不利益を、短時間・有期雇用労働者は追っていないからであり、後者の例が問題となるのは、短時間労働者は通常の労働者と比べて所定労働時間が短いにもかかわらず、販売目標が同一だからです。少なくとも通常の労働者と短時間労働者の所定労働時間の比率に応じて支給するとか、販売目標を相応のものとして設定しなければなりません。したがって、留意すべきことは**Q4**の『「均等待遇」とするのか、「均衡待遇」とするのか、その判断基準は』でも述べたように、職務の内容や職務の内容及び配置の変更の範囲、その他の事情からみて、不合理ではない旨説明できるようにしておくことです。

　なお、通常の労働者が月給制で、短時間労働者等が時給であることが不合理であると裁判になった例がいくつかありますが、裁判所は不合理ではないと判示しています。

⑧ 役職手当が差別的・不合理とされるのは どのような場合か

> Q. 当社では、これまで正社員には役職手当を支給していますが、契約社員やパートタイマーには支給していませんでした。今後も同様の内容で運用していきたいと思っていますが、同一労働同一賃金の考え方から言うと是正しなければならないのでしょうか。

Answer.

役職手当（役付手当）は部長職であれば200,000円、課長職なら150,000円のように、その会社で就いている役職に応じて支給される手当です。会社によってはマネージャー手当やディレクター手当といった名称で支給しているところもあります。ただし、就業規則又は賃金規程では支給対象者を正社員限定としているものが一般的であって、契約社員やパートタイマーのような非正規社員は役職に就くことを想定していないためか、多くの会社では支給対象外としています。

「同一労働同一賃金ガイドライン」では、役職手当の考え方を次のとおり示しています。

> 役職手当であって、役職の内容に対して支給するものについて、通常の労働者と同一の内容の役職に就く短時間・有期雇用労働者には、通常の労働者と同一の役職手当を支給しなければならない。また、役職の内容に一定の相違がある場合においては、その相違に応じた役職手当を支給しなければならない。

そして続いて「問題とならない例」「問題となる例」として次の例を挙げています。

〈問題とならない例〉

イ 役職手当について、役職の内容に対して支給している A 社において 通常の労働者である X の役職と同一の役職名（例えば、店長）であって同一の内容（例えば、営業時間中の店舗の適切な運営）の役職に就く有期雇用労働者である Y に対し、同一の役職手当を支給している。

ロ 役職手当について、役職の内容に対して支給している A 社において、通常の労働者である X の役職と同一の役職名であって同一の内容の役職に就く短時間労働者である Y に、所定労働時間に比例した役職手当（例えば、所定労働時間が通常の労働者の半分の短時間労働者にあっては、通常の労働者の半分の役職手当）を支給している。

筆者の事務所の顧問先では、ロの例のように、通常の労働者（正社員）より短い労働時間で働いている短時間労働者が役職に就いた場合、所定労働時間の比率に応じた役職手当を支給しているところがあります。

〈問題となる例〉

役職手当について、役職の内容に対して支給している A 社において、通常の労働者である X の役職と同一の役職名であって同一の内容の役職に就く有期雇用労働者である Y に、X に比べ役職手当を低く支給している。

多店舗展開をしているような小売業や外食産業では、非正規労働者が店舗の運営を任される「パート店長」も珍しくはなくなってきました。店舗ごとの売上げ規模や立地は異なるものの、各店長の役割・責任はほぼ同じだろうと思います。それなのに正社員の店長には 50,000

円を支給しながらパート店長には 20,000 円だったり、支給しないという場合は不合理であるとされます。

このような場合を除けば、パートタイマーのような非正規労働者を、将来の役職に就かせる可能性のある人事制度を構築している会社は少ないと思われます。そのため、他の手当に比べ、通常の労働者と短時間・有期雇用労働者との待遇差の問題は起きにくいでしょう。

※役職手当（資格手当）の支給の有無について争われた裁判例として、メトロコマース事件（東京高裁判決平成 31 年 2 月 20 日）があり、「支給されなくてもやむを得ない」とされました。

⑨ 家族手当や住宅手当が差別的・不合理とされるのはどのような場合か

> **Q.** 扶養親族のいる社員の生活をバックアップするため、賃金規程に定めた基準により家族手当や住宅手当を支給しています。ただし、支給しているのは正社員だけとなっています。
> もし、契約社員やパートタイマーにも支給しなければならないとなると、大幅な人件費増となってしまいます。どうすればいいのでしょうか。

Answer.

　家族手当の支給対象は社員の配偶者及び子を対象とし、税法上又は健康保険上の扶養親族となっていることを条件としたものが一般的だと思います。しかし、最近では大企業を中心として家族手当の減額や廃止をするところが増えています。仕事の成果とは関係のない「属人的手当」であり、成果主義型の人事制度には馴染まないものだからです。トヨタ自動車は配偶者手当を廃止し、子ども手当は増額するという家族手当の見直しを行いましたが、これは女性の就労促進と少子化対策という側面もあったようです。

　住宅手当は、例えば賃貸借している者には3万円（あるいは家賃の10%）、持ち家である者には1万円（あるいはローン月額の5%）のように、居住している住居の形態に応じて定額か定率で支給されているかと思います。住宅手当も家族手当と同様属人的手当のため、廃止した会社もあります。

　それでもこれらの手当を支給している会社は依然として数多くあります。そして正社員のみを支給対象としているものがほとんどであるため、同一労働同一賃金への対応をしていかなければなりません。

実は、家族手当や住宅手当は同一労働同一賃金ガイドラインに記載がありません。しかし、厚生労働省によれば、ガイドラインに記載がない場合でも「不合理な待遇差の解消等が求められる」「各社の労使により、個別具体の事情に応じて待遇の体系について議論していくことが望まれる」としているので、現状では裁判例により判断していかざるを得ません。

それについてはハマキョウレックス事件（最高裁第二小法廷判決平成30年6月1日）と長澤運輸事件（最高裁第二小法廷判決平成30年6月1日）という2つの最高裁判決が有名ですが、後者については第7章の**Q5**「定年再雇用者の労働条件で留意すべきこととは」で述べていますので、ここではハマキョウレックス事件等の内容について確認することにします。

運送会社の契約社員（ドライバー）が、職務の内容が同一であるにもかかわらず住宅手当の他、通勤手当、皆勤手当、給食手当、作業手当、無事故手当等について正社員と待遇差があることは不合理であるとして争われたものです。判決では判断のあった6つの手当のうち、住宅手当以外は不合理であるとされました。住宅手当が不合理ではないとされたのは、正社員は転居を伴う配置転換（人事異動）があるため住宅に要する費用が多額となる可能性があるが、契約社員には転居を伴う配置転換はないという理由のためです。

家族手当についてはハマキョウレックス事件では判断がされず、他の事件としては、農業機械大手の子会社で働いている契約社員が、正社員と同一の業務を行っているのに賞与には格差があり、手当が支払われないのは労働契約法違反であるとして不合理な格差是正を求めた裁判例があります（高松高裁判決令和元年7月8日）。

判決では契約社員に家族手当が支給されないことは不合理としまし

た。長澤運輸事件では不合理ではないとされていたのにこの事件では一転不合理となったのは、正社員と契約社員の業務内容に大きな差はなく、契約社員であることを理由とした不支給は労働契約法第20条に違反であると裁判所が判断したからです。

　なお、この裁判では賞与の格差については違法ではないとされ、精勤手当やハマキョウレックス事件で不合理ではないとされた住宅手当の不支給は違法とされました。

　最高裁判決や他の裁判例から、住宅手当については通常の労働者に転居を伴う配置転換があり、短時間・有期雇用労働者にはないのであれば違法とされる可能性は低いものとなると思われます。家族手当についてはそのような違いを見出すことが困難です。裁判上の判断は分かれているものの、予防的措置を講じるならば短時間・有期雇用労働者への支給を検討するべきでしょう。

(10) 精勤・皆勤手当が差別的・不合理とされるのは どのような場合か

> Q. クリニックを経営している医療法人です。毎月の勤務シフトどおりに勤務してもらわないと運営に支障が生じるため、正職員にに皆勤手当を支給していますが、労働日数や労働時間の短いパート職員には支給していません。
> 例えば週1日勤務のパート職員であっても皆勤手当を支給しないと不合理だと判断されてしまうのでしょうか。

Answer.

医療業や介護事業、運送業、飲食業など恒常的な人員不足が課題となっている業界では、社員が突然欠勤してしまうと顧客等に対するサービスの提供に支障が生じることもあります。そのため、予め作成したシフトどおりの勤務を奨励することを目的とし、精勤手当や皆勤手当を支給しているところが多くなっています。

精勤手当も皆勤手当も似たような手当であり混同して使われていることもありますが、厳密には使い分けておく必要があります。そこで、それぞれどのような手当なのかということになりますが、例えば厚生労働省の「モデル就業規則」では精勤手当を以下のとおり規定しています。

精勤手当は、当該賃金計算期間における出勤成績により、次のとおり支給する。
① 無欠勤の場合　月額　円　　② 欠勤1日以内の場合　月額　円
2　前項の精勤手当の計算においては、次のいずれかに該当するときは出勤したものとみなす。

---

①年次有給休暇を取得したとき　②業務上の負傷又は疾病により療養のため休業したとき

3　第1項の精勤手当の計算に当たっては、遅刻又は早退回をもって、欠勤1日とみなす。

このとおり、給与が月末締めの会社であれば、毎月1日～末日の間の所定労働日において欠勤が無かった場合はもちろんのこと、欠勤が1日あった場合でも支給される内容となっています。

これに対して皆勤手当は「皆勤賞」をイメージしていただければ分かりやすいかと思います。同じく給与が月末締めの会社であれば、毎月1日～末日の所定労働日の全てにおいて勤務することが絶対条件であって、欠勤が1日でもあれば支給はされないというものです。

このような手当を通常の労働者にのみ支給し、短時間・有期雇用労働者を支給対象外としている場合、どのような対応が必要となるのでしょうか。同一労働同一賃金ガイドラインでは「精皆勤手当」の考え方が以下のように示されています。

通常の労働者と業務の内容が同一の短時間・有期雇用労働者には、通常の労働者と同一の精皆勤手当を支給しなければならない。

〈問題とならない例〉

A社においては、考課上、欠勤についてマイナス査定を行い、かつ、そのことを待遇に反映する通常の労働者であるXには、一定の日数以上出勤した場合に精皆勤手当を支給しているが、考課上、欠勤についてマイナス査定を行っていない有期雇用労働者であるYには、マイナス査定を行っていないこととの見合いの範囲内で、精皆勤手当を支給していない。

「考課」は人事評価のことだと思われるので、通常の労働者が欠勤した場合は人事評価がマイナスとなり、結果として賞与や昇給額に反

映されるが、短時間・有期雇用労働者についてはそのような人事評価をしないのであれば支給していないことも問題ないとしています。したがって、単に「週1日勤務だから支給していない」というのは職務が同一の場合は不適切な対応・説明であって、職務が異なるのであれば、支給していない＝待遇の違いがある理由を説明できるようにしておかなければなりません。

　ハマキョウレックス事件（皆勤手当）や長澤運輸事件（精勤手当）では、通常の労働者と短時間・有期雇用労働者の職務の内容が同一であるとして、いずれも不合理とされました。

⑪ 賞与が差別的・不合理とされるのは どのような場合か

> Q.当社は創業以来、正社員にのみ賞与を支給しており、契約社員やパートタイマーには自社の業績が好調であった時に「寸志」という形で支給したことはありますが、原則として支給対象外としています。
> 今後も同様の対応としたいのですが、同一労働同一賃金の考え方だと不合理とされないでしょうか。

Answer.

賞与（一時金、ボーナス）は年2回（決算賞与がある会社は3回）、会社の業績や社員個人の成績によってその支給額が決定され支給されるものです。行政解釈では、「定期又は臨時に、原則として労働者の勤務成績に応じて支給されるものであって、その支給額が予め確定されていないもの」を賞与としています（昭和22年9月13日発基17号）。

そしてその性質は「賃金の後払い」「功労報償」「生活補填」等と考えられています。

賞与は必ずしも支給しなければならないものではありません。そのため、賃金規程に「社員の賞与については支給しない。」と規定している会社では賞与制度そのものがないため、正社員であっても支給されることはありません。このような会社では賞与における同一労働同一賃金対策は不要ということになります（派遣労働者がいる場合は要注意）。

会社に賞与制度があって、短時間・有期雇用労働者も雇用しているのであれば、同一労働同一賃金ガイドラインや裁判例を確認し、差別的・不合理な取扱いをしていないか確認しておかなければなりません。

ガイドラインで賞与の考え方は以下のとおり示されています。

賞与であって、会社の業績等への労働者の貢献に応じて支給するものについて、通常の労働者と同一の貢献である短時間・有期雇用労働者には、貢献に応じた部分につき、通常の労働者と同一の賞与を支給しなければならない。また、貢献に一定の相違がある場合においては、その相違に応じた賞与を支給しなければならない。

〈問題とならない例〉

イ　賞与について、会社の業績等への労働者の貢献に応じて支給しているA社において、通常の労働者であるXと同一の会社の業績等への貢献がある有期雇用労働者であるYに対し、Xと同一の賞与を支給している。

ロ　A社においては、通常の労働者であるXは、生産効率及び品質の目標値に対する責任を負っており、当該目標値を達成していない場合、待遇上の不利益を課されている。その一方で、通常の労働者であるYや、有期雇用労働者であるZは、生産効率及び品質の目標値に対する責任を負っておらず、当該目標値を達成していない場合にも、待遇上の不利益を課されていない。A社は、Xに対しては、賞与を支給しているが、YやZに対しては、待遇上の不利益を課していないこととの見合いの範囲内で、賞与を支給していない。

〈問題となる例〉

イ　賞与について、会社の業績等への労働者の貢献に応じて支給しているA社において、通常の労働者であるXと同一の会社の業績等への貢献がある有期雇用労働者であるYに対し、Xと同一の賞与を支給していない。

ロ　賞与について、会社の業績等への労働者の貢献に応じて支給しているA社においては、通常の労働者には職務の内容や会社の業績等への貢献等にかかわらず全員に何らかの賞与を支給しているが、短時間・有期雇用労働者には支給していない。

「問題となる例」のイの労働者は短時間ではなく有期雇用労働者となっています。よって労働日数や労働時間は通常の労働者と同じであるため、通常の労働者と貢献が同一であるなら賞与も同一とする必要があるということです。ロは短時間・有期雇用労働者であることを理由に支給していないので問題となります。また、イロの会社が支給している賞与の性質は、会社の業績等への貢献に対するものであるとしているので「功労報償」に該当します。そうであるならば、何らかの貢献をしている短時間・有期雇用労働者にも賞与を支給しなければならないことは明らかです。

　賞与に関する裁判例は不合理ではないとしたものが多く、不合理としたものに大阪医科薬科大学事件（大阪高裁判決平成31年2月15日）があります。正職員には賞与が支給されていたところ、アルバイト職員は不支給とされていたため訴訟となったものです。正職員の賞与は就労していたことによる対価であるから、アルバイト職員に全く支給しないことは不合理だとし、正職員の賞与額の60%は支給するべきだとしました。

　　　　　　　※大学には契約職員もおり、正職員の80%の賞与が支
　　　　　　　　給されていました。

　裁判例から、賞与の支給対象者や支給額は会社の裁量権が幅広く認められていると言えますが、大阪医科薬科大学事件のように賞与の性質によっては不合理であるとされることもあるため、自社の性質がどのようなものであるか確認しておくことと、例えば賃金規程には「賞与は、会社の業績や社員の勤務成績に応じて支給する。」となっているのに、実際は生活補填的な形で支給されている等、矛盾が生じていないかも確認し、整合性を取るようにして下さい。

⑫ 退職金が差別的・不合理とされるのはどのような場合か

> Q. 同一労働同一賃金ガイドラインでは、退職金について何も触れられていないようです。
> 退職金は均等待遇・均衡待遇の対象外であって、正社員のみを退職金制度の対象とすることで良いのでしょうか。

Answer.

　退職金は賞与と同様に必ずしも支給しなければならないものではありません。特に中小企業においては退職金制度による将来のコスト負担が増大し、企業経営を圧迫することを懸念して退職金制度を設けていない場合も多く、設けている場合であっても退職一時金制度のようなリスクの高いものではなく、中小企業退職金共済制度（中退共）や確定拠出年金制度（401k）が採用されています。

　退職金制度は会社から見れば優秀な人材の確保や定着というメリットがあり、社員から見れば退職後の生活費の不安が軽減される等のメリットがあります。税制上の優遇措置も大きな魅力です。

　一般的な退職金制度であれば、入社後の勤続年数が2～3年経過していることが支給条件とされており、長期勤続することが前提となっています。そのような制度において、長期勤続が想定されていない（確かに勤続10～20年というパートタイマーもいることは事実ですが）短時間・有期雇用労働者を適用対象外とすることは、同一労働同一賃金の面から差別的・不合理とされることがあるのでしょうか。

　ご質問のとおり、同一労働同一賃金ガイドラインでは退職金の考え方は明示されていません。そのため、差別的・不合理かどうかの判断は裁判例により確認していかざるを得ません。

メトロコマース事件（東京高裁判決平成31年2月20日）

　東京メトロの各駅には売店があり、そこで勤務している販売員は正社員の他に契約社員もいました。契約社員は同一の業務を行っているにもかかわらず、正社員と比べて基本給と賞与に格差があり、住宅手当や退職金の支給はなく、永年勤続褒賞の対象とはならず、早出残業手当の算出方法が異なるとして損害賠償請求を行いました。

　原告は4名で、1年以内の労働契約を反復更新し、長い方で10年ほど勤続していました。一審では、待遇について契約社員と比較するのは売店に勤務する正社員だけでなく、メトロコマースで働く全ての正社員と比較することが相当であり、正社員と契約社員では職務内容と職務内容・配置の変更（人事異動）の範囲が大きく異なるとして、早出残業手当の不足分について支払いを命じただけでした。

　これに対して高裁では、比較対象とすべき労働者は「売店業務に従事している正社員」とし、住宅手当、退職金及び永年勤続褒賞について支給しなかったり対象としないことは不合理であるとしました（早出残業手当は一審に引き続き不合理であるとしています）。

　退職金については、「短期雇用を前提とした有期契約労働者に対しては退職金制度を設けないという制度設計をすること自体が、人事施策上一概に不合理であるということはできない。」としながら、次の点を挙げた上で「少なくとも長年の勤務に対する功労報償の性格を有する部分に係る退職金すら一切支給していないことについては不合理であるといわざるを得ない。」とし、4名の契約社員のうち、2名について退職金の支払い（正社員の4分の1）を命じています。

● 有期労働契約が更新され、定年が65歳と定められている
● 10年前後の長期間にわたって勤務していた者もいる

　この裁判例だけから会社としての対応を検討すると、通常の労働者と短時間・有期雇用労働者との職務の内容、職務の内容及び配置の変更の範囲を可能な限り明確に区分することや、有期労働契約の更新回数の上限を設けることが考えられます。定年年齢を定めていることは有期労働契約であっても長期の勤続を想定している、期待していると取られる可能性もあるので見直すことも考えなければならないでしょう。

13 同一労働同一賃金対応により、賃金規程等の見直しは必要か

> Q. 正社員と契約社員、パートタイマーとの待遇差について不合理な部分があった場合には是正しなければならないと思いますが、賃金規程等の見直しも必要不可欠でしょうか。

Answer.

通常の労働者と短時間・有期雇用労働者の職務の内容、職務の内容及び配置の変更の範囲がいずれも同じであるならば均等待遇、そうでなければ均衡待遇とするよう是正しなければなりません。不合理な待遇差を改めるには通常の労働者には全国転勤の可能性があるが、短時間・有期雇用労働者にはないといった職務の内容や配置の変更の範囲について違いを設ける必要があります。

しかし、それだけでは不十分なこともあり、その時は通常の労働者の賃金や短時間・有期雇用労働者の賃金を見直さなければなりません。賃金の見直しには次のような方法が考えられます。

① 通常の労働者の賃金の一部を減額する、又は廃止する

② 短時間・有期雇用労働者の賃金の一部を増額する、又は新たに手当を支給する

③ 短時間・有期雇用労働者を全て通常の労働者に転換する

まず①ですが、手当や退職金の廃止はもちろんのこと、減額であっても労働条件の不利益変更に該当することに相違ありません。

特に賃金は、労働者の労働条件の中でも最も重要なものと言えるので、減額や廃止のハードルは高いものとなります。労働条件の不利益変更を実施する場合は、労働契約法第8条に基づき使用者と労働者の合意により変更することを原則とし、就業規則の変更によりこれを行

う場合は労働契約法第9条や第10条の規定に従う必要があります（労働条件の不利益変更については、第5章の **Q5**「就業規則の不利益変更で社員の「同意書」は必須か」を参照して下さい）。

　大手では、日本郵政が正社員の一部に支給していた住居手当を廃止し、非正規社員との格差是正を図りました。

　一方②については通常の労働者の賃金は変更することなく、短時間・有期雇用労働者の賃金をアップしたり、通常の労働者に支給していた手当を短時間・有期雇用労働者にも支給することになるので、労働条件の不利益変更という問題は生じません。したがって導入する際は①よりスムーズに行われることは間違いありませんが、人件費増という課題が生じることになります。

　最後の③はクレディセゾンが人事制度の改定に伴い、パートタイマー等の非正規労働者を正社員に転換したものや、イケア・ジャパンが有期雇用のパートタイマーを全員無期雇用の短時間正社員に転換させた例があります。②と同じように人件費増となるため、契約社員やパートタイマーが必要不可欠な労働力である業界や、資金的余力のある大企業でなければ③の方法を採用することは難しいでしょう。

　3つの方法のうち①や②を実施したならば賃金規程の変更手続きが必要となります。③についてはイケア・ジャパンの事例のように無期雇用の短時間正社員に転換させた場合において、会社の就業規則に短時間正社員に関する規定が設けられていないのであれば定義や処遇について追記するか、短時間正社員用の就業規則や賃金規程を別途作成することになります。

　このように①～③の中からどの方法を選択したとしても、規程等の変更手続きは必要となるものと思われます。そして同一労働同一賃金対応で求められるのは賃金だけでなく福利厚生や教育訓練にまで及ぶので、賃金の待遇差が是正できていたとしても、福利厚生等が是正で

きていないのならば就業規則の変更も必要となるのです。

14 同一労働同一賃金対応により、人事評価制度の見直しは必要か

Q. 契約社員やパートタイマーを雇用していて、同じ仕事をしている正社員との間に待遇差がある場合は規程も含めた賃金の見直しが必要なことは理解しましたが、賃金やその他処遇を決定する人事評価制度についても同様に見直しが必要となるのでしょうか。

Answer.

人事評価を実施する目的には、「処遇の決定（昇格や昇給、賞与等）」「能力開発」「適正配置の決定」等があり、評価方法は「能力評価」「情意評価（態度評価）」「業績評価（成績評価）」に分かれます。

社員を評価するときによく問題となるのが評価者の陥りやすい「エラー」であり、次のようなエラーが挙げられます。

① ハロー効果 … 例えば英語ができる社員は絶対仕事ができる社員だと思い込んでしまうこと

② 期末効果 …… 評価期間の直前に成功や失敗をするとそのイメージが強いため、評価もその成功や失敗という事実だけで決定されてしまうこと

③ 寛大化傾向 … 評価者が自分の行う評価に自信がなかったり、特定の部下に目を掛けたりしているため評価を事実に反して甘めにつけてしまうこと

④ **中心化傾向** … 評価期間における部下の行動や実績を正確に把握していないとか、評価の仕方を理解していないため、例えばA～E評価まであっても真ん中のC評価を多くつけてしまうこと

⑤ **逆算誤差** …… 「〇〇さんの評価はA評価とする」と先に評価結果を決めていて、そこから逆算して評価理由を決定してしまうこと

⑥ **論理誤差** …… 「仕事が終わった後で専門学校に通い、資格取得を目指して勉強しているBさんは、協調性も高いはずだ」と事実で評価するというよりも、評価者の勝手な思い込みで評価してしまうこと

⑦ **対比誤差** …… 評価者自身を基準として部下を評価してしまうこと。
自分が得意な分野で部下が苦手とする場合は厳しめの評価を行い、苦手の分野については甘めの評価としてしまうような場合が該当します

　このようなエラーを防止するため、会社は評価者向けの研修を実施する等して、公平性や透明性を維持しようとしています。人事評価でいう公平性は、当然評価される社員個々におけるものであって、同じような仕事をしている正社員のAさんとBさんの評価結果が大きく違って、Aさんが高い評価を得たのにBさんは低い評価だったとすれば、Bさんは上司に「どうして私の評価がこんなに低いのでしょうか？」と説明を求めることでしょう。Bさんの要求に対し上司が合理的な説明ができなければBさんのモチベーションは下がり、トラブルになるかもしれません。

　では、正社員と非正規社員との間でも同様のトラブルが起きる可能性はあるのでしょうか。正社員と非正規社員の評価基準や評価方法が

違うことはよくあることですし、会社によっては非正規社員には簡便な（曖昧な）評価しかしていません。ところが、「正社員のＸさんより私の方が仕事をしている」「仕事のできないＹさんでもいろいろな手当や賞与も支給されるのに、パートの私たちにはほとんど支給されない」といった声はよく聞くものなので、トラブルになる可能性は十分に考えられます。実際に契約社員やパートタイマーが訴訟を起こしている例が増えています。

通常の労働者と短時間・有期雇用労働者との格差が不合理とされないケース、不合理とされるケースはこれまでこのＱ＆Ａでも触れてきました。基本給についても **Q7** で「労働者の業績又は成果に応じて支給するもの（「同一労働同一賃金ガイドライン」より）」の例を挙げて説明をしましたが、そこで詳細には触れなかった「労働者の能力又は経験に応じて支給するもの」の「問題とならない例」が人事評価制度の見直しが必要であるという回答になると思いますので紹介しておきます。

イ　基本給について、労働者の能力又は経験に応じて支給しているＡ社において、ある能力の向上のための特殊なキャリアコースを設定している。通常の労働者であるＸは、このキャリアコースを選択し、その結果としてその能力を習得した。短時間労働者であるＹは、その能力を習得していない。Ａ社は、その能力に応じた基本給をＸには支給し、Ｙには支給していない。

人事評価を能力や経験を基準に行っている会社において、能力の習得の有無により待遇に差を設けることは問題ないと示しており、言い換えれば評価制度がないとか合理的なものとなっていなければ、説明がつかないものとして無効とされることが考えられます。

"派遣労働者の同一労働同一賃金"
(労使協定方式)

(15) 労使協定方式で締結した協定は、
毎年見直さなければならないのか

> Q.2020年3月に派遣労働者の同一労働同一賃金を実現するための方式として、当社では「労使協定方式」を採用し社員代表と協定書を締結しました。
> 有効期間は4月からの1年ですが、この協定は毎年締結しておくだけで良いのでしょうか。

Answer.

20 20年4月より改正労働者派遣法が施行され、通常の労働者と派遣労働者においても同一労働同一賃金を実現するため、不合理な待遇差を解消することが求められるようになりました。

　短時間・有期雇用労働者との待遇差を解消とすることを目的とした改正パートタイム・有期雇用労働法は大企業が2020年4月1日、中小企業は2021年4月1日施行なのに対し、改正労働者派遣法は企業規模に関係なく2020年4月1日施行であったため、施行直前の2～3月には都道府県労働局の派遣を取り扱う部門（東京労働局においては需給調整事業部）に問い合わせが殺到しました。

　待遇差を解消する方法として「派遣先均等・均衡方式」か「労使協定方式」の2つがありましたが、前者を選択した派遣元が果たしてあったのでしょうか。例えば派遣先が大企業だと社員の給与水準は高く、様々な手当もあるかと思われます。一方派遣元が中小企業で給与の構成が基本給と通勤手当のみであったときに派遣先均等・均衡方式を採用したならば、派遣している社員に対して大企業が支給している

手当等を新たに支給しなければならないことになります。そうすると派遣元である自社の人件費が急激に上昇し、経営を圧迫するものと思われます。

　派遣先は派遣料金に関して配慮しなければならないという規定があるものの、力関係を考えると人材不足が深刻な一部の業界を除き、派遣元が派遣先に料金アップを強く言えるとは思えません。派遣先均等・均衡方式が比較するのが派遣先労働者の待遇であるのに対して、労使協定方式では賃金の待遇は「賃金構造基本統計」か「職業安定業務統計」のいずれかを選択の上、そこで定められた水準の同等以上であれば良いので、派遣先の待遇に影響を受けないというメリットがあります。

　したがって、派遣先均等・均衡方式を採る会社があるとは到底思えず、実際、筆者の顧問先では全て後者の労使協定方式を採用しました。事前に「どちらを選択したら良いか？」という問い合わせを複数受けましたが、「労使協定方式以外あり得ません」と回答したものです。

　労使協定方式は労働者派遣法第30条の4第1項の規定に基づき締結される労使協定であって、次の事項を全て定めておかなければなりません。

① 労使協定の対象となる派遣労働者の範囲
② 賃金の決定方法
③ 派遣労働者の職務の内容、成果、意欲、能力又は
　 経験等を公正に評価して賃金を決定すること
④ 「労使協定の対象とならない待遇
　 （※教育訓練や福利厚生のこと）及び賃金」を除く待遇の決定方法
⑤ 派遣労働者に対して段階的・計画的な教育訓練を実施すること
⑥ その他の事項（有効期間等について）

　この中でほぼ全ての派遣元会社が苦労されたのは②の「賃金の決定方法」だろうと思われます。決定までの手順が複雑であり、賞与や退職金制度自体が会社に無い場合であっても、派遣する社員には賞与を

支給したり退職金制度を新たに設けるとか、それに相当する分を賃金に上乗せするような対応が求められたからです。

　このように苦労の末、賃金等を決定して労使協定を締結したとしても、毎年見直すことは必要です。前述の「賃金構造基本統計」「職業安定業務統計」は毎年更新されるので、基準となる基本給等の額も変わります。もちろん自社の給与水準も昇給等により毎年変わるはずなので、派遣労働者の賃金額が一般賃金（派遣労働者が従事する業務と同種の業務に従事する一般の労働者の平均的な賃金）の額と同等以上となっているかどうか確認しなければならないからです。

16 締結した労使協定の内容が不適切だと判断された場合、罰則等があるのか

> **Q.** システム開発を行っていて顧客先に自社の社員を派遣している当社は、労働者派遣法の改正に伴い「労使協定方式」を採用し、労使協定を締結しました。
> この協定の内容が法に反している等不適切であると判断された場合は、この協定そのものが無効となってしまうのでしょうか。また、無効になると罰則はあるのでしょうか。

Answer.

派遣元事業主にとって選択の余地が無く実質一択の「労使協定方式」により締結された労使協定は、その都度労働基準監督署に届出る必要はなく、毎年6月30日までに「事業報告書」に添付の上、都道府県労働局に提出することとされています。

また事業報告を行う際には労使協定方式の対象となる派遣労働者の「職種ごとの人数」「職種ごとの賃金額の平均額」も報告しなければなりません。

このように、締結した労使協定が適切なものであるかどうかは事業報告書を提出し、行政の担当者の目に触れることで分かることになります（その他、労働基準監督署の臨検により分かることもあるでしょう）が、もし締結内容に不備があり適切な協定となっていないとされたり、協定の内容は問題ないものの、定められた事項を遵守していなかったような場合はどうなるのでしょうか。

このような場合には、「労使協定方式は適用されず、派遣先均等・均衡方式が適用される」とのことです。そう判断されてしまうと過去に遡って不足分の賃金を支払わなければならないこととなり、派遣期間や派遣人数、派遣先企業の賃金水準によっては膨大なコストが発生

することになってしまいます。

　これ以外にも労働者派遣法違反をした場合の罰則が設けられています。

① 事業報告書に労使協定を添付しなかった場合

　　▶ 都道府県労働から必要な事項について報告を求められますが、この報告をしなかったり虚偽の報告をした場合は、30万円以下の罰金に処せられることがあります。

② 派遣先事業主が比較対象労働者の待遇等に関する情報提供をしなかったり、比較対象労働者の待遇等に関する情報に変更があったときに、派遣先が遅滞なく当該変更の内容に関する情報を派遣元事業主に提供しなかった場合

　　▶ 派遣先事業主は、勧告又は公表の対象となります。

③ 派遣元事業主が比較対象労働者の待遇等に関する情報の提供がないにもかかわらず、派遣先との間で労働者派遣契約を締結した場合や、派遣先から提供された比較対象労働者の待遇等に関する情報、又は派遣先からの当該情報に変更があったときの当該変更の内容に関する情報を所定の期間（＝3年間）保存しなかった場合

　　▶ 労働者派遣事業の許可取消し、労働者派遣事業の全部又は一部の停止、改善命令の対象となります。

④ 派遣労働者の待遇に関する事項等の説明（a派遣労働者として雇い入れようとするとき b労働者派遣をしようとするとき）に違反した場合

　　▶ 労働者派遣事業の許可取消し、労働者派遣事業の全部又は一部の停止、改善命令の対象となります。

　また、派遣労働者から説明を求められても説明しなかったり、説明を求められたことを理由として解雇やその他不利益取扱いを行った場合も同様の対象となります。

　以上からもお分かりのとおり、労使協定に関する違反や説明義務違反があった場合は多額のコスト負担や派遣事業の許可取消しの可能性もあり、事業の運営上深刻なダメージを受けかねません。

第3章

ハラスメントに関する

Q&A

① なぜ、パワーハラスメントが 法制化されたのか

> Q.「パワハラ」はなぜ法制化されたのでしょうか。
> パワハラだと認定された企業が損害賠償の支払いを命じられた裁判のニュースを見ていると、法制化しなくても裁判等で決着を付ければ良いと思ってしまうのですが。

Answer.

　パワーハラスメント（パワハラ）は、2020年6月より法制化（労働施策総合推進法の改正）され、まずは大企業がその適用を受け、中小企業については2022年4月からの適用となります。

　代表的なハラスメントにセクシュアルハラスメント（セクハラ）やマタニティーハラスメント（マタハラ）がありますが、セクハラについては1999年4月より改正法が施行となり、マタハラについては2017年1月より改正法が施行されています。

　セクハラやマタハラに比べてパワハラの法制化は遅かったのではと思われる方もいらっしゃるでしょう。実際、厚生労働省の「民事上の個別労働紛争・主な相談内容別の件数推移」データによると、解雇や労働条件の引下げなどの相談件数はここ数年横ばい状態にあるのに対し、「いじめ・嫌がらせ」いわゆるパワハラは右肩上がりで推移しています。平成30年度では82,797件ということで前年度から14.9%も増えているのです。

　そのため、パワハラ法制化の動きは以前よりあったものの、「どこまでしたらパワハラなのか？」という明確な線引きをすることが難しく、なかなか法制化に至らなかったという事情もあります。筆者は企業でハラスメント研修を多く行ってきました。

　研修では「次の内容のうち、パワハラに該当するものはどれで、該

当しないものはどれか?」という設定を事例として出すことが多いのですが、セクハラ等と比べるとパワハラの正答率は低い傾向にあります。「グレーゾーン」と言われるどちらとも言えないケースが多いのもパワハラの厄介な特徴でしょう。

　紆余曲折を経て法制化されたパワハラですが、その定義は次のとおりとされました(「事業主が職場における優越的な関係を背景とした言動に起因する問題に関して雇用管理上講ずべき措置等についての指針」)。

> 　職場におけるパワーハラスメントは、職場において行われる①優越的な関係を背景とした言動であって、②業務上必要かつ相当な範囲を超えたものにより、③労働者の就業環境が害されるものであり、①から③までの要素を全て満たすものをいう。

　なお、「①〜③までの要素」については次のとおりです。

① の要素 ……… 当該事業主の業務を遂行するに当たって、当該言動を受ける労働者が行為者に対して抵抗又は拒絶することができない蓋然性が高い関係を背景として行われるもの

② の要素 ……… 社会通念に照らし、当該言動が明らかに当該事業主の業務上必要性がない、又はその態様が相当でないもの

③ の要素 ……… 当該言動により労働者が身体的又は精神的に苦痛を与えられ、労働者の就業環境が不快なものとなったため、能力の発揮に重大な悪影響が生じる等、当該労働者が就業する上で看過できない程度の支障が生じること

①の「関係」は例えば「上司と部下の関係」、②は「先輩社員の業務とは関係のない、おつかいのような私的な依頼」、③は「毎日のように上司や同僚から叱責や暴言を受け、出社することに恐怖を感じるようになった」等が該当するでしょう。

　日本は諸外国に比べてハラスメントに関する法整備が遅れており、仮に裁判等だけに委ねざるを得ない場合、相応のコストと時間がかかってしまうことでしょう。そういう意味でも法制化するメリットはあるのではないでしょうか。

② 「パワハラ防止法」の施行で 企業がやるべきことは何か

Q. パワーハラスメントの法制化により、企業に対し義務として
課せられるものにはどのような事項があるのでしょうか。

Answer.

い わゆる「パワハラ防止法」の施行に伴い、事業主には「雇用管理上の措置」が義務として課せられることになりました。

　具体的措置については「事業主が職場における優越的な関係を背景とした言動に起因する問題に関して雇用管理上講ずべき措置等についての指針」に示されていますので、その内容を見て行くことにしましょう。

① 事業主の方針等の明確化及びその周知・啓発

・職場におけるパワハラの内容・パワハラを行ってはならない旨の方針を明確化し、労働者に周知・啓発すること

・行為者について、厳正に対処する旨の方針・対処の内容を就業規則等の文書に規定し、労働者に周知・啓発すること

② 相談に応じ、適切に対応するために必要な体制の整備

・相談窓口をあらかじめ定め、労働者に周知すること

・相談窓口担当者が、相談内容や状況に応じ、適切に対応できるようにすること

③ 職場におけるパワーハラスメントに係る
事後の迅速かつ適切な対応

・事実関係を迅速かつ正確に確認すること

・速やかに被害者に対する配慮のための措置を適正に行うこと

・事実関係の確認後、行為者に対する措置を適正に行うこと

・再発防止に向けた措置を講ずること

④ その他併せて講ずべき措置

　・相談者・行為者のプライバシーを保護するために必要な措置を講じ、
　　その旨労働者に周知すること
　・相談したこと等を理由として、解雇その他の不利益な取扱いをされな
　　い旨を定め、労働者に周知・啓発すること

　①については「パワハラは許しません」「パワハラが起こった場合
は厳しい処分を行います」といった会社・社長の意思表明を文書や就
業規則に明記した上で、社員に周知する必要があるということです。
文書については社内のイントラネットに掲示したり、ハラスメント研
修の際に配布している企業もあります。

　②については、パワハラを受けた社員が相談できる窓口を予め定め、
周知することを求めています。例えば「当社のハラスメント担当窓口は、
総務部のハラスメント担当とする」といったもので、担当者名まで明
記することもあるかと思いますが、就業規則に担当者名を記載するこ
とは適切ではありません。よって、担当者名を知らせる場合は、別途
文書にして知らせるとか、社内一斉メールによる方法等で対処すべき
でしょう。

　③はパワハラ防止措置を講じていても残念ながら発生してしまっ
た、または、その疑いがある場合の対応方法について明記されていま
す。パワハラに限らず、ハラスメントが発生してしまったときの対応
は「初動が全て」と言ってもいいぐらいです。

　他のQ&Aでも回答していますが、受けた相談を一時であっても放置
することは絶対に避けなければなりません。放置すると結果として問
題がこじれ、より大きくなる可能性があるからです。なお、再発防止
策はパワハラが発生してから検討するのではなく、予めどういう措置
を講ずるか決めておかなければならないことは言うまでもありません。

④は相談者が相談できるような体制を構築しておくことを求めています。相談した内容が漏洩した場合、相談者に対して報復措置が取られることも考えられます。また、漏洩の事実が社内に一旦広がれば、今後相談しようにも相談しづらくなることでしょう。そして、勇気を振り絞って相談したにもかかわらず、解雇等の不利益な取扱いを受けるケースも見られます。その結果訴訟等に発展し、社名が報道されてブラック企業扱いされることもあります。

③ 注意指導したら、「パワハラです！」と言われるのが怖い

> Q. 私はある企業で課長職に就いています。
> 遅刻しがちな部下や、個人成績が思わしくない部下に対して
> 注意や指導をしてきましたが、今後は「課長、それパワハラ
> です！」と言われるのではないかと内心ビクビクしています。
> どのような注意指導が適切なのでしょうか。

Answer.

企業研修を行っていると、このような相談をよく受けます。その
ため、どの程度まで注意指導すれば適切で、どこまで行ったら
パワハラなのか線引きに悩まれている管理職の方々が多いことを実感
しています。

パワハラの定義の中に「業務上必要かつ相当な範囲を超えたもの」
という文言があり、**Q1**の「なぜ、パワーハラスメントが法制化され
たのか」でも述べたように、それは「社会通念に照らし、当該言動が
当該事業主の業務上必要性がない、又はその態様が相当でないもの」
を指しています。その一方で、同定義には「なお、客観的にみて、業
務上必要かつ相当な範囲で行われる適正な業務指示や指導については、
職場におけるパワーハラスメントには該当しない。」としているので、
この内容に即した対応をしていくことが重要となってきます。

そこで参考としたいのが「パワハラ指針」です。パワハラはその行
為によって、①身体的な攻撃、②精神的な攻撃、③人間関係からの切
り離し、④過大な要求、⑤過小な要求、⑥個の侵害の6類型に分類さ
れていますが、指針では6類型に分類される場合であってパワハラに
該当する例、該当しない例が複数挙げられています。

　例えば、「精神的な攻撃」については、「人格を否定するような言動を行うこと。」はパワハラに該当するとしていますが、「遅刻など社会的ルールを欠いた言動が見られ、再三注意してもそれが改善されない労働者に対して一定程度強く注意すること。」は該当しないとしています。

　従って、遅刻に関してはまずは口頭で注意を行い、それでも改善されないようであれば「一定程度」としているので、他の従業員の面前で、しかも大声で注意しないように留意した上で強く注意していただければよいと思います。それでも改善しないようならば、就業規則の規定に従い、懲戒処分とすることもやむを得ません。

　次に個人成績が思わしくない部下に対する指導方法ですが、指針にはそのものズバリ該当する例は残念ながらありません。近い内容だと「新規に採用した労働者を育成するために短期間集中的に別室で研修等の教育を実施すること。」が挙げられるかと思います。新規採用者に限らず、既存従業員に対して研修を実施すれば一定の効果が見込まれます。もし、この研修を長期にわたって実施すれば、退職させるための研修だとしてパワハラに該当するかもしれませんが、短期間であれば問題ないとしています。成績が上がらない理由に関し客観的データを用いて説明したり、成績優秀者との行動履歴の違いをチェックしたり、どのようなアポイントを行い、準備をし、セールストークを行っているのか事実確認をしていくことも良いと思います。この時も人格を否定するような発言をしないよう十分留意して下さい。

　このように上司が十分留意した上で注意指導を行ったとしても、当該従業員はこれを不満に思い、「パワハラです！」と言ってくる可能性はありますが、「適正な範囲内で行われる注意指導」はパワハラには該当しません。従って、部下の指導育成が管理職の役割であることを認識していただき、必要以上に気を遣う必要はありません。

④ なぜ、セクハラ防止対策がこれまで以上に 強化されたのか

> Q. パワハラ防止法の施行だけでなく、セクハラについても防止 対策が強化されたそうですが、それはどういう理由によるも のでしょうか。

Answer.

「個別労働紛争解決制度の施行状況」（厚生労働省）によると、 民事上の個別労働紛争における主な相談内容別の件数推移 において、「いじめ・嫌がらせ」は著しい増加を続け、全ての相談の 中で最多となっています。

この中でセクハラの相談件数も依然として高い水準にあり、セクハ ラを防止するためには対策の強化が必要であるということになりまし た。

そこで、セクシュアルハラスメント（セクハラ）の他、妊娠・出産・ 育児休業等に関するハラスメント（マタハラ・パタハラ）について、法 改正（男女雇用機会均等法、育児・介護休業法、労働施策総合推進法）を行 い、2020年6月1日から施行されることとなりました。

※中小企業にパワハラ防止対策が義務化されるのは 2022年4月1日からですが、セクハラ等の防止対 策強化については大企業・中小企業のいずれも2020 年6月1日からの施行となります。

以下改正の内容となります。

① セクシュアルハラスメント等に関する事業主及び労働者の責務
② 事業主に相談等をした労働者に対する不利益取扱いの禁止
③ 自社の労働者等が他社の労働者にセクシュアルハラスメントを 行った場合の協力対応

　このうち、①と②はパワハラやマタハラ等も同じ内容が明記されていますが、③についてはセクハラについてのみ明記されています。

　①の「責務」とは、「セクハラ等を行ってはならない」「他の労働者に対する言動に注意を払うこと」等を事業主や労働者の責務としたものです。

　②の「不利益取扱い」は、例えばセクハラ等の相談をした労働者が解雇や雇い止め、配置転換、給与の減額等の不利益を被るようだと、相談することを躊躇する可能性があるため、不利益取扱いの禁止が明確化されたものです。

　③の「協力対応」は事例を見ていただくと分かりやすいと思います。

「A社で営業職として働くXさん（女性）は、取引先であるB社のY氏（男性）から体を触られたり、宿泊を伴う食事に誘われていました。取引先ということもあり、これまで何とか上手に対応してきましたが、だんだんとエスカレートしてきたため我慢することができず、自社の上司に相談しました。

　上司はXさんから聞き取りを行い、個人情報等に十分配慮した上で、B社にも事実確認のための調査協力を依頼しました。ところがB社は「そのような事実はない」としてY氏に確認することもなくその依頼を拒否しました。そのためXさんは訴訟を検討しています。」

　こうなると訴訟等で解決を目指すしかありませんが、時間もコストもかかります。また、Xさんの精神的負担も大きいものとなります。そこで、自社の労働者が他社の労働者にセクハラを行ったことで他社から協力を求められた場合、これに応じることが「努力義務」とされました。義務ではなく努力義務なので改正後も協力しない会社はあるかと思われますが、そのようなスタンスを続ければ取引先との関係に影響が出ることでしょう。そういう意味では一定の評価ができるので

はないでしょうか。

　なお、自社の労働者がセクハラを受けた場合は、他社に事実関係の確認を求めたり、再発防止のための協力を求めることが「雇用管理上の措置」となっているので注意して下さい。

⑤ 「就活セクハラ」防止のため、企業が取るべき対策とは

> Q. 当社は新卒の定期採用を行っており、現場の従業員を面接官として参加させたり、OB訪問も積極的に受け入れています。
> しかし、最近「就活セクハラ」が問題となっている報道を目にしました。
> 当社に限っては大丈夫だと思いますが、もしもの時の対策を取っておきたいと思います。
> どのようなことに注意すべきでしょうか。

Answer.

世の中には様々なハラスメントがありますが、「就活セクハラ」とは就職活動中の大学生等が、面接やOB訪問をした際に受けるセクハラ行為をいいます。少子化による人手不足もあり、近年は売り手市場の傾向ではあったものの、人気企業や採用予定数がそもそも少ない企業は狭き門であることに変わりはなく、そのような企業を受ける学生の立場は弱いものと言えるでしょう。

そのため、立場を悪用したセクハラ行為が頻繁に発生しており、中には学生の将来に大きな影響を及ぼすような犯罪行為も起こっています。

最近の例だと大手ゼネコンの従業員が、OB・OGと学生をつなぐスマートフォンのアプリを通じて女子学生と知り合い、自宅マンションでわいせつ行為を行い逮捕されたという事件がありました。「なぜ、自宅マンションに行ってしまったの?」と思ってしまうところですが、面接の指導をするといった話を女子学生にしていたようで、人気企業就職への近道と考えればその気持ちも理解できなくはありません。

学生が就職する前に企業において就業体験を行うインターンシップ

は、実質は就業体験ではなく、採用に直結しているものとして人気が高まっているようで、人気企業の場合はインターンシップを希望してもかなわないことが珍しくありません。そのような状況であるため、インターンシップでもセクハラを受けたという話を聞きます。

OB訪問やインターンシップに比べて学生と接触する時間が短い面接試験は、極めて深刻な問題に発展する可能性はまだ低いと言えるかもしれません。しかし、面接官が「彼氏いるの？」とか「結婚の予定は？」「スリーサイズは？」等、明らかにセクハラに該当し、本人の能力・資質・経験とは関係のない質問を未だにしていることに驚かされます。

筆者は企業の人事担当者としてこれまで中途・新卒採用業務を担当したこともあり、面接官として多くの方の採用面接に同席しました。短い時間で良い人材を見抜いていかなければならないので、全く意味のない質問をする余裕などあるはずがありません。

そのような質問をしても、それはネットで学生の間に一瞬にして広まり、今後の採用に影響を及ぼすこともあることを理解していたので、面接を担当する他の従業員にも注意するよう事前に説明をしていました。できれば「面接時における質問内容がハラスメントに該当する場合」として、簡単な研修とか説明会を実施し、意思統一をしておきたいところです。

前述した大手ゼネコンの例だと、勤務時間外の夜に社外で会っていたことが分かっており、これを防ぐのであれば「勤務時間外に社外で学生の訪問を受けることを禁止する。」と制限を設ければ良いでしょう。勤務時間中にOB訪問を受けることが業務の都合上難しいようであれば、事前申請制とし、いつ・どこで・誰を会うのか申告させることが必要になると思います。「どこで」は社内に限定されることはもちろんのこと、○○会議室のように特定することが望ましいでしょう。

⑥ ハラスメントに違反した場合の罰則はどうなっているのか

> Q. セクハラやマタハラに加えてパワハラも法制化されましたが、違反があった場合の罰則はあるのでしょうか。
> ある場合はどの程度のものとなっているのでしょうか。

Answer.

セクハラは 1999 年 4 月 1 日施行の改正男女雇用機会均等法で事業主の配慮義務が定められ、その後 2007 年 4 月 1 日からは、男女労働者へのセクハラ防止のための雇用管理上の措置が事業主に義務付けられました。

　男女雇用機会均等法は正式には「雇用の分野における男女の均等な機会及び待遇の確保等に関する法律」といい、罰則はその法律の第 33 条に規定されています。次の条文をご確認下さい。

第 33 条（罰則）

　第 29 条第 1 項の規定による報告をせず、又は虚偽の報告をした者は、20 万円以下の過料に処する。

　このとおり 20 万円以下の過料がセクハラの罰則とされています。

> ※「第 29 条第 1 項の規定による報告」とは「厚生労働大臣は、この法律の施行に関し必要があると認めるときは、事業主に対して、報告を求め、又は助言、指導若しくは勧告をすることができる。」（第 29 条報告の徴収並びに助言、指導及び勧告）を指しています。

　マタハラは 2017 年 1 月 1 日施行の改正男女雇用機会均等法や改正育児介護休業法で、マタハラを防止するための防止措置が事業主に課

せられました。男女雇用機会均等法の罰則についてはセクハラと重複するため割愛します。育児介護休業法（正式には「育児休業、介護休業等育児又は家族介護を行う労働者の福祉に関する法律」）における罰則は第66条において、次のように規定されています。

第66条（罰則）

　第56条の規定による報告をせず、又は虚偽の報告をした者は、20万円以下の過料に処する。

お気づきだと思いますが、セクハラの罰則と同じ内容になっています。

※「第56条の規定による報告」もセクハラで記載したものと同じです。

では、2020年6月1日施行のパワハラはどうでしょうか。パワハラは改正労働施策総合推進法の施行により、事業主に雇用管理上の措置が義務として課せられることになりました。ちなみに労働施策総合推進法はかつて「雇用対策法」という名称でした。現在の正式名称は「労働施策の総合的な推進並びに労働者の雇用の安定及び職業生活の充実等に関する法律」です。

パワハラについて直接的な罰則はありません。その代わりにセクハラやマタハラと同じように、厚生労働大臣は違反に対する必要な事項について事業主から報告を求めることができるという規定（第36条第1項）はありますし、報告をしなかった、あるいは虚偽報告をした場合は20万円以下の過料に処せられます（第41条）。

従って、セクハラ、マタハラ、パワハラ違反に対する罰則の内容はいずれも同じということになります。そうすると「大した罰則ではないから一安心」と思ってしまうところですが、事業主が雇用管理上必要な措置を怠った場合は、指導・勧告の対象となり、これに従わない場合、厚生労働大臣はその旨を公表することもできるのです（第33

条第1項及び第2項)。

※「公表」という制度はパワハラ防止法に限らず、セクハラやマタハラに関する法律にも明記されています。

　もし公表されたら、事業主にとって過料20万円を支払うよりも、はるかに大きなダメージがあることは間違いないと思います。

⑦ ハラスメントを受けた場合、誰に・どこに相談するべきか

> Q. ハラスメントを受けたわけではないのですが、もし実際に受けてしまったような場合、誰に、どこに相談するのが適切なのか予め知っておきたいと思います。
> 誰に、どこに相談するべきでしょうか。

Answer.

ハラスメントを受けてしまった場合の相談先として、社内と社外に分けて見ていくことにします。

社内については、次の2つのみかと思われます。

●社内に設置された相談窓口への相談

社内の窓口ということで、相談しやすい面もある一方、窓口担当者のハラスメント相談に関する経験等が浅いような場合は、解決するどころか事態が大ごとになる可能性もあります。また、窓口担当者は男性・女性のいずれも在籍していることが望ましいでしょう。

●上司や部下、同僚への相談

ハラスメントの専門家ではないため、日ごろから社内啓蒙活動を積極的に実施してもいない限り、相談しても何も進まないことが多いでしょう。また、誤ったアドバイスをするかもしれませんし、情報が漏れる可能性も高いと思います。従って、相談された側は、速やかに社内相談窓口や社外の相談先へ話をするようアドバイスするべきでしょう。

社外については複数ありますが、費用が発生したり解決までの時間がかなりかかることもあるので、慎重に検討する必要があるでしょう。

●社外に設置された相談窓口への相談

弁護士や社労士等の外部専門家と会社が契約し、ハラスメントに関する相談を希望される場合は電話やメール等で相談をするもので、内容や状況次第では直接面談することもあります。専門的アドバイスを受けられるので、短期間で解決することが多いと思われます。

●総合労働相談コーナーへの相談

各都道府県の労働局に設置されており、相談は無料で、面談か電話による対応が基本となっています。ただし、「あっせん」等による解決手段を案内されたり、「法テラス」に関する情報提供を受けたりするものの、この場で解決を図るものではありませんのでその点ご注意下さい。

●法テラスへの相談

「法テラス」（日本司法支援センター）とは、ホームページによると、「国によって設立された法的トラブル解決のための総合案内所」と記載されています。その業務には情報提供や民事法律扶助等がありますが、相談については有料と無料の場合があるため、事前に確認しておくのが良いでしょう。

●あっせん手続きによる解決

都道府県労働局にある雇用環境・均等部（室）や、最寄りの総合労働相談コーナーに「あっせん申請書」を提出することからスタートします。費用はかからず、都道府県労働局長に委任された「紛争調整委員会」の紛争調整委員（弁護士や大学教授、社労士等）があっせんに参加するかどうかの意思確認を行います。紛争の当事者双方が出席しな

いとあっせんが打ち切りとなってしまうからです。あっせんが行われる場合は双方の意見を紛争調整委員が聴き、原則その場で解決できるようあっせん案が提示されます。あっせん案を双方受諾すれば解決、どちらか一方でも受諾しなければ打ち切りとなります。

※紛争調整委員会の他、各都道府県の労働委員会でもあっせん制度を利用することができます。

●外部労働組合（ユニオン）への加入

　社内労働組合がない場合、外部の労働組合に加入し、会社と団体交渉を行うことで解決を図るケースがあります。団体交渉で速やかな解決が図られることもあれば、数回にわたって交渉を行っても解決しない場合もあります。筆者が相談を受けたものでは、1年以上継続して交渉が行われていたという例があります。

●その他では訴訟、労働審判等がありますが、
　相応の費用がかかることになります。

⑧ ハラスメントの相談を受けた場合、何に注意しなければならないか

> Q. この度、私は社内に設置されたハラスメント相談窓口の相談
> 員に任命されました。
> 簡単なレクチャーは受けましたが、実際相談を受けたときの
> 対応にはまだ不安が残ります。
> 相談対応で注意すべき点があれば教えて下さい。

Answer.

事前に簡単なレクチャーを受けたとのことなので、回答内容が重複するものもあるかと思いますが、参考までに以下ご確認いただければと思います。

相談窓口を訪れる相談者の多くは、現状をすぐにでも解決したいと思う一方、「相談しても解決しなかったらどうしよう」とか、「相談したことが行為者（ハラスメント行為を行った、あるいはその疑いがある者）にバレるのが怖い」と、不安に駆られた気持ちでいます。

そのため、まず相談員が心がけなければならないのは、相談者の不安を解消してあげることかと思います。本人と面談による相談を受けるのであれば、まず「色々不安だと思いますが、よく相談に来ていただきましたね」「ご相談内容は厳守しますので、どうぞ安心して相談して下さい」等とお伝えするのが良いでしょう。

絶対に避けていただきたいのは、持ち込まれた相談を放置しないことです。相談者は迅速な解決を希望しているはずなので、もしある程度の時間がかかることが分かっているのであれば、「ご相談いただいた内容について事実確認を行います。○○さんへの報告は1週間ほどお時間いただきますが宜しいでしょうか?」と了承を得ておく

べきです。

　また、面談は個室で行い、相談員は可能であれば2名以上で対応していただきたいと思います。ヒアリングをする場合は、相談者の話をよく聴き、メモを取り、時には頷いてあげて下さい。勇気を出して相談窓口に駆け込んできたのですから、真摯な態度で話を聴いてあげて下さい。

　横柄な態度、ハラスメントなんてなかったんじゃないの？という態度を取ってしまったりすると、相談者の怒りの矛先が会社や相談員へ向けられることもありますので、そのような事が起きないようくれぐれも注意して下さい。

　相談者からのヒアリングが終了したら、次は事実確認のため、行為者や第三者（目撃者）へのヒアリングへと移ります。第三者にヒアリングするときは予め相談者の了承を得てから行っていただくことと、1人だけではなく、複数名からヒアリングして下さい。1人より複数名の証言の方が証拠として強力です。行為者へのヒアリングは相手が会話を録音しているものとして臨むべきです。また、ハラスメント行為を行ったものと最初から決めつけた態度でヒアリングすることは避けましょう。

　事実確認を行い、ハラスメント行為があったと認定した場合は、行為者に対する処分を検討しなければなりません。懲戒処分とするのであれば、譴責、減給、出勤停止、降格から解雇までが考えられます。その他、行為者と相談者が同じ部門とか同じフロアで働いているのであれば、どちらか一方、あるいは双方の配置転換を検討することになるでしょう。相談者に対する心のケアも忘れてはなりません。ハラスメントの程度が軽く、処分を受け入れ反省している行為者に対する何らかのフォローも必要です。

最後は再発防止策を実施することです。なぜ、今回このようなハラスメントが発生したのか検証の上、今後同じようなハラスメントが起きないためにはどうしたらいいのか考えて下さい。経営トップの強いメッセージを発信する場合も考えられるでしょう。外部専門家を招いて研修を行うことも有効です。

⑨ ヒアリングした相談者から「関係者には話さないでほしい」と言われたらどうすべきか

> Q. 社内に設置されたハラスメント相談窓口の責任者をしています。先日相談のあった社員から、「今回お話した内容は他の関係者には話さないでほしい」と言われました。
> ある程度話をしなければ解決しないこともあるかと思いつつ、相談者の気持ちには最大限の配慮をしたいと考えています。望ましい対応はどのようなものとなるのでしょうか。

Answer.

ハラスメントを受けた相談者は、不安に駆られながらも勇気を振り絞って相談窓口に相談しに来られるものです。相談しようか止めようか、どこに相談しようか等、そういった思いが頭の中を繰り返し巡り、悩んだ末の結論として社内相談窓口を選択したのであれば、「よくお越しいただきました。ありがとうございます」と感謝の意を示しましょう。

相談内容について秘密厳守することは当然のことです。また、相談者が話をしやすい環境を整えるように努めなければなりません。そうしなければ十分なヒアリングをすることができず、解決への道のりが長いものとなってしまうからです。

このように環境を整えたとしても、相談者の中には「相談内容を口外して欲しくない」と希望する方もいます。不特定多数の者に口外しないことは前述のとおり当たり前のことですが、関係者にも同様の対応を希望する方もいて、「どうしたら良いのか・・・」と悩まれる相談窓口の担当者もいらっしゃることでしょう。

つまり相談者が相談相手に求めるニーズは多種多様であり、その

ニーズに従った対応が求められます。これについては人事院の「セクシュアル・ハラスメントの防止等の運用について」の別紙「セクシュアル・ハラスメントに関する苦情相談に対応するに当たり留意すべき事項についての指針」は参考になります。

※内容は最終改正された平成31年4月1日時点のものを一部抜粋したものです。

> 　相談者から事実関係を聴取するに当たっては、次の事項に留意する必要がある。
> 一　相談者の求めるものを把握すること。
> 　将来の言動の抑止等、今後も発生が見込まれる言動への対応を求めるものであるのか、又は喪失した利益の回復、謝罪要求等過去にあった言動に対する対応を求めるものであるのかについて把握すること。

まさに相談者のニーズがどこにあるのか把握することを求めたものとなっています。この内容をもう少し細かく分けると次のような感じになるでしょうか。

① 不安・不満な気持ちを聴いてもらえるだけで満足で、
　　それ以上は何も求めないのか
② 行為者に対して注意・指導することで、
　　今後ハラスメントが発生しなければそれで十分なのか
③ 行為者からの謝罪を受けることを求めているのか
④ 行為者に対する会社の懲戒処分を求めているのか
⑤ 損害賠償を求めているのか

　相談者がどのような対応を希望しているかは、ヒアリングシートに基づいてヒアリングしていただくのが良いと言えます。なぜならば、当初の希望をヒアリングシートに書き留めていても、その後の相談で

希望内容が変わることもあり、口頭だけでヒアリングした場合だと、後で言った言わないという争いになることもあるからです。

　ご質問では「関係者にも口外しないでほしい」ということなので口外しないことは約束しつつ、その結果、解決までの時間がかかる（あるいは解決しない）可能性もあることは伝えましょう。その前提の上で何を求めているのかニーズを確認して下さい。

　関係者に対する個別ヒアリングが困難である場合は、社内研修でハラスメントの事例（裁判例やニュース等で取り上げられた例）に自社で起きたハラスメントの内容を含めて周知していただくと良いでしょう。このとき相談者・行為者が特定できないような形とすることは言うまでもありません。

⑩ 「何でもかんでもハラスメント」には どう対抗すればよいか

> Q. 最近、仕事中のミスに対して注意したり、ちょっとした冗談
> を言っただけで「それハラスメントですよ！」と言われるこ
> とが多くなった気がします。
> このような状況だと、コミュニケーションさえ取ることが難
> しくなると危惧しています。
> 何か良い解決方法がないものでしょうか。

Answer.

ご相談にもあるように、ハラスメントに対する認知度が近年高まってきた一方、その内容や定義は正確に理解していないためか、明らかにハラスメントに該当しない注意・指導であっても「ハラスメントだ！」と大騒ぎする方がいるようです。もちろん、ハラスメント行為が疑われるものであるなら迅速・真摯に対応しなければなりませんが、悪質なケースだと「これは明らかなセクハラですから、上司に報告しますよ！」「パワハラで訴えるぞ！」と社内を混乱に陥れ、何らかの見返り（金銭、謝罪、人事異動等）を受けようとする者もいます。

このように、何事においてもハラスメントである旨主張することは「何でもかんでもハラスメント」等と言われていて、問題になっています。筆者が相談を受けたことがある事例でも、その内容を伺う限り「とてもハラスメントには該当しない案件」というものは時々あります。

ハラスメントの訴えがあれば、会社は社内に設置したハラスメント相談窓口の担当者を中心として、事実確認を慎重に行うと思います。本当にハラスメント行為があったとか、その可能性が高いというならば、一生懸命に対応してくれることでしょう。しかし、「何でもかんでもハラスメント（だと騒ぐ）社員」は、そのような事実がないにも

かかわらず騒ぐことで、担当者の業務を妨害しているのです。しかもそういう社員に限って、事あるごとに騒ぎ立てるのでやっかいです。

　では、このような問題社員に対して、どのような対応をしていくのが良いのでしょうか。

　例えばパワハラであれば2020年6月より法制化され、パワハラの定義も明示されましたが、どういう場合がパワハラなのか、どこまでやったらパワハラなのかを理解している社員は少ないと思います。少々話がずれますが、労使間のトラブルの中には労働者が会社のルール（就業規則や賃金規程等）を知らないとか、よくわかっていないために発生するものがあります。会社側も入社時の労働条件や入社後のルール説明が不十分なため、トラブルの発生源となっていることがあります。

　つまり双方の勘違いや行き違いによりトラブルが発生しがちなため、これを解決するには定期的な研修をしていただくのが最良の方法だと思います。筆者が行う研修では、複数の事例を挙げて「このケースではハラスメントに該当するか？それとも該当しないか？」というワークをしてもらいます。そうするとパワハラはセクハラと比べて正答率が低くなりがちで（それだけどこまでがパワハラなのか境界線がグレーだと言えます）、自分のハラスメントに対する認識の間違い・勘違いを理解していただけると感じています。さらに判例・裁判例を多数盛り込むことで一層の理解を深めるような取組みをしています。研修では「何でもかんでもハラスメント」についても当然取り上げています。

　このように研修を行った後でも何でもかんでもハラスメントと騒ぐのであれば、就業規則の服務規律に反する行為（例えば「他の社員の業務遂行を妨げ、職場秩序を乱した」）として、懲戒処分とすることもやむを得ないでしょう。

⑪ ハラスメントの防止に 最適な取組みとは

> Q. ハラスメント対策を講じていても、残念ながら起きてしまう ことはあるかと思います。
> もしハラスメントが起きてしまった場合、再発防止策として 最も効果のある取組みを行いたいのですが、それは何でしょ うか。

Answer.

他のご質問の回答とも重複しますが、行政データからも最適な取組みは「研修」です。「平成 28 年度職場のパワーハラスメントに関する実態調査」（厚生労働省）によると、パワーハラスメントの予防に向けて実施している取組みは、回答の多かった順に次のとおりとなっています。

① 相談窓口を設置した（82.9%）

② 管理職を対象にパワーハラスメントについての 講演や研修会を実施した（63.4%）

③ 就業規則などの社内規定に盛り込んだ（61.1%）

④ 一般社員等を対象にパワーハラスメントについての 講演や研修会を実施した（41.2%）

⑤ ポスター・リーフレット等啓発資料を配布または掲示した（34.9%）

これに対して、効果を実感できた取組みとして多かった回答は次のとおりです。

ⅰ 管理職を対象にパワーハラスメントについての 講演や研修会を実施した（74.2%）

ⅱ 一般社員等を対象にパワーハラスメントについての 講演や研修会を実施した（69.6%）

ⅲ 相談窓口を設置した（60.6%）
ⅳ 再発防止のための取組（事案の分析、再発防止の検討など）を
　行った（59.8%）
ⅴ アンケート等で、社内の実態把握を行った（59.4%）

　就業規則へ規定したり、相談窓口の設置は取組みが行われていて当
然です。そうすると、管理職及び一般職等、つまり全社員を対象とし
た研修が全体の約7割の支持を受けており、最大の効果があるという
ことが分かると思います。

　ある会社では、全社員を対象とした研修を毎年実施しています。た
だし、数百名の社員が一度に集合して研修を受けることは現実的では
ありません。そのため、1回当たりの研修受講者数を限定して実施し
ています。そのため全社員が受講終了するまで相応の時間がかかりま
すが、「ハラスメントは許さない」という会社の姿勢を社員に伝える
ことはできているのではないでしょうか。
　会社によっては「社員は忙しいから」という理由で、管理職又は
一般職の一部だけにしか研修を実施しなかったり、1回30分程度で
済ませたり、一度実施したらそれきりとなってはいないでしょうか。
100人の社員がいて、7〜8割の社員にハラスメント研修を実施して
いても、残りの社員には何も実施していないのであれば、ハラスメン
ト予防効果は薄いものとなるでしょう。より一層の効果を上げるため
には定期的に・繰り返し研修を行っていただきたいと思います。研修
内容は時間とともに忘れ去られていきますし、2時間程度でハラスメ
ントの内容を全て網羅することは難しいからです。
　初回は「基礎編」としてハラスメントの全体像（ハラスメントの種類や、
どういう言動がハラスメントに該当するのか等インプットが中心）をつかん
でもらえるような内容に、その次からは「応用編」として基礎編の復
習に加え、ハラスメント対応の実務等（アウトプットが中心）を盛り込

んでいただくと良いでしょう。

　なお、ハラスメント相談窓口担当者に対する研修も忘れずに実施して下さい。

第4章
メンタルヘルス
に関する

Q&A

① 休職期間中に健康診断を 受診させることは可能か

> Q. 当社には、現在私傷病により休職に入ったばかりの社員がい
> ます。
> 　休職は最長で1年程度になる可能性があるのですが、この間
> に年1回の定期健康診断の時期が到来した場合は、休職中で
> あっても受けさせなければならないのでしょうか。

Answer.

定 期健康診断は、労働安全衛生規則第44条で次のとおり規定さ
れています。

> 　事業者は、常時使用する労働者に対し、1年以内ごとに1回、定
> 期に、次の項目について医師による健康診断を行わなければならない。

① 既往歴及び業務の調査

② 自覚症状及び他覚症状の有無の検査

③ 身長、体重、腹囲、視力及び聴力の検査

④ 胸部エックス線検査及び喀痰検査

⑤ 血圧の測定

⑥ 貧血検査

⑦ 肝機能検査

⑧ 血中脂質検査

⑨ 血糖検査

⑩ 尿検査

⑪ 心電図検査

　また、同条第2項では、「第1項第3号、第4号、第6号から第9号まで及び第11号に掲げる項目については、厚生労働大臣が定める基準に基づき、医師が必要でないと認めるときは、省略することができる。」としており、医師の判断で省略できる項目があることを規定しています。

　なお、雇い入れ時の健康診断の項目は、定期健康診断とほぼ同じ項目となりますが、医師の判断により省略できる項目はありません。その代わりに「入社する前の3か月以内に健康診断を受けていて、その結果を事業者（会社）に提出する場合は、雇い入れ時の健康診断に相当する項目については省略できる」という規定があるので、就業規則にも同じ内容の条文を規定していることが一般的だろうと思います。

　では、休職中の社員に対しても、定期健康診断を受診させなければならないのでしょうか。

　これについては行政通達（平4.3.13基発第115号）で次のとおり示されています（内容を一部抜粋）。

　育児休業、療養等により休業中の労働者に係る労働安全衛生法第66条第1項から第3項まで及び指導勧奨による特殊健康診断の取扱いについては、下記によることとされたい。

(1) 休業中の定期健康診断について
　　事業者は、定期健康診断を実施すべき時期に、労働者が、育児休業、療養等により休業中の場合には、定期健康診断を実施しなくてもさしつかえないものであること

(2) 休業後の定期健康診断について
　　事業者は、労働者が、休業中のため、定期健康診断を実施しなかった場合には、休業終了後、速やかに当該労働者に対し、定期健康診断を実施しなければならないものであること

(3) 指導勧奨による特殊健康診断について
　　休業中及び休業後の指導勧奨による特殊健康診断については、

> 上記（1）及び（2）に準じて実施するよう事業者等を指導する
> こと

　以上から、健康診断を受診させることも可能ですが、受診させなくても復職後速やかに受診させれば法違反には該当しないということになります。

　筆者は実際にこのようなご相談を受けたことがあり、その時は「休職期間中は受診させないようにして下さい。」と回答しました。行政通達では受診させなくても構わないとなっていて、言い換えれば受診させても問題はないということになります。

　ところが、事業者が健康診断を受診するよう業務命令を出したり、健康診断の受診場所と受診時間を事業者が指定し、そこで労働者が負傷した場合等は極めて限定的なケースになるとは言うものの、労災に該当する可能性もあるという労働基準監督署の見解を聞いたことがあります。また、安全配慮の面から見ても受診をさせることについては慎重であるべきでしょう。

② 「今回の休職は労災にはならないのですか?」と 言われた場合の適切な回答とは

> Q. 体調不良の社員から休職の申出がありました。
>
> 医師の診断書も持参しており、精神疾患を発症したため「1か月の休養を要す」と記載されていました。
>
> 休職すること自体に問題はありませんが、本人が「今回の休職は労災にならないのですか?」とも言っています。
>
> 会社としては労災に該当しないと思っていますが、何か判断基準があるのでしょうか。

Answer.

社員が精神疾患を発症したため休職せざるを得ない場合、会社に医師の診断書を提出の上、休職開始日や休職期間を決定することになります。就業規則の休職に関する規定では「私傷病による休職」に該当することとなり、私傷病とは仕事以外の理由で病気になったりケガをした場合をいいます。

労災は業務上=仕事中の病気やケガが対象となるので、業務外の病気やケガである私傷病は労災の対象とはなりません。ところが、休職を申し出てくる社員の中には「私が休職することになったのは、仕事が原因です。だから労災になるのではありませんか?」と思っている方がいます。介護事業所で入所者の介助中に腰痛になったとか、建設現場で工事していたら工具で手を傷つけたとかいう状況であれば、それらは間違いなく労災に該当することでしょう。

一方、精神疾患はこれらと比較して労災に該当するかどうか判断が難しいときがあり、その時の状況を慎重に確認した上で労災申請をするかどうか判断しなければなりません。最近ではインターネットの情報を鵜呑みにしたり、誤解により、あるいは単純な疑問から労災に該

当しないかどうかを聞いてくる社員がいますので、正しい情報を提供するよう心掛けなければなりません。

　精神疾患の原因が業務上であれば当然労災となりますが、認められるためには3つの要件を満たすことが必要となります。

① 認定基準の対象となる精神障害を発病していること
② 認定基準の対象となる精神障害の発病前おおむね6か月の間に、業務による強い心理的負荷が認められること
③ 業務以外の心理的負荷や個体側要因により発病したとは認められないこと

　まず①に該当するものですが、うつ病や急性ストレス反応等が該当し、アルコール等による障害は該当しません。

　次に②の「業務による強い心理的負荷」ですが、「特別な出来事」に該当する場合は心理的負荷の強度が「強」と評価されるため、この要件を満たします。この「特別な出来事」は「心理的負荷が極度のもの」（例えば生死にかかわる、極度の苦痛を伴う、又は永久労働不能となる後遺障害を残す業務上の病気やケガ）と、「極度の長時間労働」（発病直前の1か月におおむね160時間を超えるような、又はこれに満たない期間にこれと同程度の時間外労働を行った）を指します。もし「特別の出来事」に該当する出来事がないときは、定められた手順により心理的負荷の強度を「強」「中」「弱」で評価します。

　また、「極度の長時間労働」に該当しなくても、「発病直前の2か月間連続して1か月あたりおおむね120時間以上の時間外労働を行った場合」等は「強」とされます。

　最後の③は、「業務以外の心理的負荷評価表」により心理的負荷の強度がどの程度のものか判断されます。

　休職の申出をしてきた社員が長時間労働やひどいパワハラを受けたといった事実があって、3つの要件を満たすようであれば労災に該当

する可能性が出てきます。ほとんどの方はこの認定基準は知らないと思われるので、まずは「なぜ労災に該当すると思ったのですか?」と聞いてみることからスタートしてみてはいかがでしょうか。

③ 病気休職中、療養に専念してもらうために
取り得る対策とは

Q. 当社の社員が、メンタルヘルスの問題を抱えているという医師の診断書を提出してきました。
そのため、この社員は就業規則の規定に従い休職扱いとなりますが、早く治してもらいたいということもあり休職中の行動を制限したいのですが、可能でしょうか。

Answer.

会社の就業規則で設けられている休職制度には、私傷病休職や出向休職等がありますが、その中でも精神疾患により休職をする社員の対応については多くの会社が頭を悩ませていることと思います。休職中の賃金が一定程度保障されていたり（通常無給ですが）、長期の休職が可能だったり休職制度が充実しているほど、その制度を悪用するようなケースが見られます。

そもそも法律上、会社が就業規則に休職制度を設けなければならないという規定はなく、私傷病等により労務提供が不完全な状態であるならば、債務不履行として普通解雇事由に該当します。しかし、休職制度のない会社の社員を「労務提供が不完全だから」といって解雇したとしても、訴訟等でその判断が無効とされることはよくあることであり、実際は就業規則の作成義務のある会社なら、一部零細企業を除いて休職制度は設けられていると思います。

つまり休職制度とは、治療等のための期間を社員に与え、その期間が経過しても治癒しない場合に初めて解雇等の措置が取られる「解雇猶予措置」という性格があるのです。

そのような制度であることから、休職に入った社員は静養し精神又は身体の回復に努め、遅くとも休職期間満了までに復職が可能である

ことを自身で証明しなければなりません。本来なら労働義務があるにもかかわらず、その義務が免除されているということを忘れてはなりません。

ところが社員の中には休職中であることを良いことに、副業に精を出したり、旅行にでかけるなどその行動に首をかしげるようなものが見られることがあります。仕事をしている社員には「職務専念義務」があり、私傷病休職中の社員には「療養専念義務」があるので、そのような行動をしていることが明らかになった場合には、休職を取り消すことが考えられます。

以前実際に聞いた話では、休職中に海外旅行に出かけ、その楽しそうにしている様子をSNSにアップしていたところ同僚に見つかり、社内で問題となったが、本人は「療養のため」と言って気にすることもなかったという事例があったそうです。

裁判例のマガジンハウス事件（東京地裁判決平成20年3月10日）では、精神疾患により休職中の社員がブログで会社の批判をしたこと等を理由に普通解雇となり、地位確認請求等を求めて提訴しました。判決で裁判所はブログの内容は会社の名誉を傷つけるもので、体面を汚す行為だとし、解雇は有効であるとしました。ちなみにこの社員はブログ開設による会社批判の他、オートバイで頻繁に外出したり場外馬券場等に出かけていましたが、これについては問題視することはできないとしました。

このように、一定の行動を強制的に制限することは難しいと考えられますが、それでも就業規則に「休職中は療養に専念しなければならない」と規定するとともに、「休職時における誓約書」を取得しておきたいところです。誓約書には療養に専念する事項、SNS利用時の発信内容に関する注意事項、復職が可能だと疑われるような行動（国内外の旅行、頻繁な飲み会や会合等）は慎むという事項等を明記すると良いでしょう。その上で本人の署名（記名・押印）をもらって下さい。

(4) 入社 1 か月で診断書を提出してきた場合でも、休職を取らせなければならないか

Q. 当社に入社して 1 か月ほど経った社員が医師の診断書を提出してきました。
診断書には「○か月間の療養・安静を要す」と記されていましたが、入社間もない社員であっても休職を取らせなければならないのでしょうか。

Answer.

休職制度は法律上規定されているものではありません。そのため、休職制度を設けるかどうかは会社ごとの判断によります。しかし、中小企業の一部を除けば、規定されていることが当たり前となっていると思われます。

そこで問題となるのは就業規則に休職規定があるが、その内容がどのようなものとなっているかということです。

休職規定では休職となる対象社員を定義します。例えば次のような規定があったとします。

「第○条（休職）従業員が、次の各号のいずれかに該当したときは休職とする。
(1) 業務外の傷病により、欠勤が○日間続くと認められるとき
(2) 精神や身体上の疾患により、労務提供を行うことが難しいと認められるとき
(3) その他業務上の必要性があり、会社が休職させることが適切であると認めたとき」

貴社の就業規則の休職規定についてもこのような内容となっていた

として、ご質問の社員の方に休職を適用する必要があるかどうか確認してみましょう。この規定だけで判断する限り、入社1か月ほどしか経過していない社員であっても休職を認めなければならないでしょう。この条文の（1）～（3）に該当すれば、全ての社員が休職することが可能であると読むことができるからです。言い換えれば適用除外となる社員については何も触れられていないからです。

よって、この方は休職規定に定められている休職期間について、休職することができます。

筆者の事務所で相談があった例では、新卒として入社し、入社研修開始からわずか1週間程度で休職の申出をしてきたというケースがありました。会社の就業規則には適用除外規定がなかったため、認めざるを得ませんでした。

このようなトラブルを回避するには、現行の規定に次のようなただし書きを追加しなければなりません。

「第〇条（休職）従業員が、次の各号のいずれかに該当したときは休職とする。ただし、この規定は復職の見込みがない者や、試用期間中の者には適用しないものとする。」

「復職の見込みがない者」は、今後労務提供することが不可能であるため、休職させることなく普通解雇にせざるを得ないでしょう。「試用期間中の者」には、会社への適性を見極めるための期間が設けられており、適性には能力や協調性等の他、自らの健康管理を行う自己保健義務もあると考えられます。会社への貢献がほぼ無いまま休職となれば会社の損害は大きいものとなります。よって、適用除外の対象とするべきです。

この他注意していただきたい規定があります。多くの就業規則では、契約社員やパートタイマーを休職の適用対象外としているはずです。ところが、パートタイム・有期雇用労働法が2020年4月1日施

行（中小企業は 2021 年 4 月 1 日より）され、正規労働者と非正規労働者の間の不合理な待遇差が禁止されました。

　その考え方は「同一労働同一賃金ガイドライン」（厚生労働省告示第430 号）に記載されており、病気休職については「短時間労働者（有期雇用労働者である場合を除く。）には、通常の労働者と同一の病気休職の取得を認めなければならない。また、有期雇用労働者にも、労働契約が終了するまでの期間を踏まえて、病気休職の取得を認めなければならない。」となっているので、早急に対応しなければなりません。

⑤ 就業規則の規定により、休職満了後も
　復職できない社員を退職としても大丈夫か

> Q. 休職中の社員についてのご相談です。
> まもなく就業規則の規定にある休職期間が満了となります。
> しかし、これまでの本人とのやり取りから見る限り、休職期間満了までに復職することは難しいのではないかと思います。
> この場合は退職となる旨規定されていますが、そのとおり進めても良いものでしょうか。

Answer.

休職して復職できることもあれば、残念ながら復職が叶わないこともあります。そのため復職ができない場合を想定した「休職期間満了の日をもって退職とする。」という規定が明記されているはずです。退職ではなく「解雇とする。」となっている就業規則も目にすることがありますが、解雇とするなら解雇予告が必要となるので、退職と規定している就業規則の方が多いです。

　貴社の就業規則でも復職ができないときは退職とする旨規定されているとのことなので、実際に満了の日が到来したならば、退職手続きを行うことになるかと思います。しかし、休職していた社員によっては休職期間の延長を求めたり、退職扱いとなったことに対して訴訟を提起したりする場合があります。

　会社のルールによって退職又は解雇手続きをしたからと言って、それに納得できない元社員が司法の場に訴えることは度々起きており、リーディングケースでは東芝事件（最高裁第2小法廷判決平成26年3月24日）があります。

　この事件では、3年ほど私傷病により休職した元社員が休職満了時

に復職できず解雇されたため、休職は私傷病ではなく業務上によるもの（＝労災）であり、解雇は無効であるとして訴訟となったものです。高裁で解雇無効判決は出ており、最高裁では損害賠償額に関して争われ、原告である元社員が勝訴しました（損害賠償額については東京高裁に差し戻され、審理の結果、未払賃金等が増額された）。

　裁判所は次のような判示をしていて、休職満了に伴う復職が不可能なため解雇となる場合に限らず、退職扱いとする場合でも留意しなければならない内容となっています。

「使用者は労働者からの申告がなくても、その健康に関わる労働環境等に十分な注意を払うべき安全配慮義務を負っている」

「業務の軽減をするなどの措置を執ることなく、労働者がうつ病を発症し、それが憎悪したことについて、労働者が情報を申告しなかったことを重視するのは相当ではない」

※元社員は、神経科への通院その他情報を会社に申告していなかったものの、最高裁はそれをもって損害賠償額を過失相殺することは相当ではないとして賠償額が増額されたものです（損害賠償額は約6,000万円）。

　当時の東芝は巨大企業であり、この判決内容が中小企業にもそのまま当てはまるものではないと考えられますが、就業規則の規定どおりの対応をしたからといって、必ずしも安心できるとは限らないのです。
　企業規模を問わず安全配慮義務は求められるので、最低でも過重労働とならないよう日頃の勤怠管理をチェックすることや、パワーハラスメントにもなりかねない過剰なプレッシャーをかけることの無いよう、上司に対する会社の指導も必要となるでしょう。疾病が業務上なのか業務外のものなのかを判断するにあたり、「心理的負荷による精神障害の認定基準について」（平成23年12月26日基発1226第1号、令

和 2 年 5 月 29 日基発 0529 第 1 号）がその材料の 1 つとなることがある
からです。常時 50 人以上の社員がいる事業場（会社）では産業医の
選任義務があるので、定期的に面談させたりする等、細やかな対応が
求められます。

⑥ 復職可能な証明や復職可否の判断は誰が行うのか

> Q. 私傷病により休職している社員から復職希望の申出がありました。
> 主治医の診断書には「復職可能」と書かれているものの、休職したときの経緯から懐疑的です。
> 誰がどのような基準で復職の可否を判断するべきなのでしょうか。

Answer.

最初に、私傷病で休職している社員が復職しようとするときに適用される就業規則の規定例を挙げてみます。

「第○条（復職）休職中の者が復職しようとするときは、休職事由が消滅したことを証明する書類を会社に提出しなければならない。休職事由が私傷病による場合は、主治医の診断書を提出しなければならない。」

　この規定だけだと、復職可能かどうかを証明するのは休職中の社員であることが分かります。また、「休職事由が消滅したことを証明する書類」は、実質そのあとに規定されている「主治医の診断書」だけになるかと思います。

　しかし、それだけをもって復職が認められることは実務上ではなく、会社は復職可否の判断を誤らないためその他の材料を集めなければなりません。具体的には会社の産業医（産業医の選任義務がない場合は、会社の指定する医師）の診断書や面談、時には社員の主治医との面談も行った上で「会社が」復職の可否を判断します。産業医の診断書や面

談の実現にはその内容を就業規則に規定する必要があります。主治医との面談を実現するには本人の同意が必要となり、本人同行の上面談をすることもあります。

　このように材料を集めた結果、主治医が復職可能と判断しても、産業医が復職不可とその判断が分かれることがあります。筆者の事務所において対応した事案でも、判断が真逆となったものがありました。会社側から詳細な資料の提示を受け、説明を伺う限り、素人が客観的に見ても復職不可能と思えるものだったので主治医の判断には驚いたものです。もっとも主治医は社員（患者）の意向を踏まえて診断書を書く傾向があるイメージがあるため、このような結果が出た場合にこそ主治医との面談を実現させたいものです。たとえ主治医・産業医の意見が分かれようとも、復職可否の判断を会社が行うことに変わりありません。

　主治医と産業医の見解が分かれ、会社が復職不可能として休職期間満了により退職としたため、地位確認請求等を行った裁判例として東京電力パワーグリッド事件（東京地裁判決平成29年11月30日）があります。

　この事件でも主治医は復職可能と判断しましたが、裁判所はこれを採用せず、休職期間満了後の労働契約終了は適法とされました。会社側はそれまで元社員に対してリワークプログラム（職場復帰に向けたリハビリのプログラム）を受けさせたり、主治医の診断書を受領し、産業医の面談を行い、意見書も受領する等を行った上で復職不可能だと判断しました。主治医の見解が採用されなかった理由の1つに、リワークプログラムの評価シート（通所率が低かった等の事実があった）を参照しなかったことを裁判所は挙げています。

　いずれにせよ復職を不可能と会社が判断する場合はトラブルになりやすいため、慎重な対応や判断をして下さい。

第5章

就業規則
に関する

Q&A

① 従業員が 10 人未満なので、就業規則は作成しなくても良いか

> Q. 当社は正社員とパートを合わせて 7 名ほどの中小企業です。
> 経営者仲間からは「就業規則を作成しておいた方がいいぞ」
> と事あるごとに言われるのですが、当社の場合は作成をして
> いなくても法律違反ではないはずです。
> それでも作成しておいた方が良い理由があるのでしょうか。

Answer.

質問内容のとおり、就業規則を作成していなくても労働基準法
違反には該当しません。それは次の規定によるからです。

労働基準法第 89 条

　常時 10 人以上の労働者を使用する使用者は、次に掲げる事項に
ついて就業規則を作成し、行政官庁に届出なければならない。次に
掲げる事項を変更した場合においても、同様とする。

一　始業終業の時刻、休憩時間、休日、休憩並びに労働者を 2 組以
　　上に分けて交替に就業させる場合においては就業時転換に関す
　　る事項

二　賃金（臨時の賃金等を除く。以下この号において同じ）の決定、計
　　算及び支払の方法、賃金の締切り及び支払の時期並びに昇給に
　　関する事項

三　退職に関する事項（解雇の事由を含む）

三の二　退職手当の定めをする場合においては、適用される労働者
　　の範囲、退職手当の決定、計算及び支払の方法並びに退職手当
　　の支払の時期に関する事項

四　臨時の賃金等（退職手当を除く）及び最低賃金額の定めをする場
　　合においては、これに関する事項

五　労働者に食費、作業用品その他の負担をさせる定めをする場合

においては、これに関する事項

六　安全及び衛生に関する定めをする場合においては、これに関する事項

七　職業訓練に関する定めをする場合においては、これに関する事項

八　災害補償及び業務外の傷病扶助に関する定めをする場合においては、これに関する事項

九　表彰及び制裁の定めをする場合においては、その種類及び程度に関する事項

十　前各号に掲げるもののほか、当該事業場の労働者のすべてに適用される定めをする場合においては、これに関する事項

　この規定でいう「常時」労働者には、パートタイマーや契約社員、出向社員も含まれます。また、3の2号から10号までは「定めをする場合においては」という条件を付した内容となっており、これは就業規則への記載が必ずしも必要ということではなく、これらの項目に該当する制度を事業場（会社）が設けている場合に限り、記載が求められるというもので、「相対的必要記載事項」といいます。1号から3号は、就業規則を作成する場合は必ず記載しなければならない事項のため、「絶対的必要記載事項」といいます。

　では、常時使用する労働者が10人未満の場合、就業規則を作成した方が良いかという点ですが、「作成しておいた方が良い」というのがその回答となります。その理由として「就業規則がきちんと整備されていた方が企業イメージも良く、採用力も高まる」等が挙げられますが、より強調しておきたいのは次のようなケースがあるからです。

（例1）労働者がメンタルヘルスに関する問題を抱えたため、休職させたい場合

　　休職は就業規則における「相対的必要記載事項」に該当します。したがって、休職制度を設ける場合には就業規則への記載が必要となります。そうすると就業規則の作成義務のない事業場や、就業規則は作成しているものの休職に関する規定のない事業場は、休職制度そのものがないことになります。例1のケースでは休職制度がないが解雇するのではなく休職させたいとのことなので、これは労働者にとっても望ましい対応と言えるでしょう。従って、就業規則や制度がなくても休職させることは問題ないと思われますが、休職期間や復職に関する事項等、細かいルールが必要となるので就業規則を作成し、休職規定を記載しておくのが良いでしょう。

（例2）労働者が会社のルール違反をしたため、何らかの処分をしたい場合

　　会社のルールに反する行為（企業秩序違反行為）に対し懲戒処分を行う場合には、労働基準法第89条第1項第9号に規定されているように、就業規則への規定が必須となります。「フジ興産事件（最高裁第二小法廷判決平成15年10月10日）」でも、「使用者が労働者を懲戒するには、あらかじめ就業規則において懲戒の種別及び事由を定めておくことを要する」としており、言い換えれば懲戒に関する規定を記載していない就業規則では、労働者に対して減給や出勤停止等の懲戒処分ができないということになります。

② 従業員の不適切な SNS 利用を どう防いだら良いか

> Q. 当社は平均年齢の若い会社のため活気がありますが、積極的に SNS に参加している従業員も多く、不適切な投稿をしてしまう可能性もその分高いと思っています。
> 不適切な投稿を未然に防止するにはどのような対策が考えられるでしょうか。

Answer.

数年前になりますが、ツイッターでの不適切投稿をする人々は「バカッター」と名付けられました。また、ファーストフード店やコンビニエンスストア等で勤務していたアルバイトによる不適切投稿は「バイトテロ」と呼ばれ、社会的問題となりました。

コンビニエンスストアの例では、アルバイトが冷蔵ケースに寝転がった写真を投稿し炎上しました。この店はフランチャイズだったのですが、最終的に本部からフランチャイズ契約を解消されてしまったのです。

外資系の有名アパレル業では、来店した有名スポーツ選手とその妻を侮辱する内容が投稿され炎上。投稿した本人（新入社員）は退社に追い込まれました。ちなみに有名スポーツ選手は、このアパレル会社と契約をしていたそうです。

正社員やアルバイト等、雇用形態に関係なく行われるこのような投稿は、企業の社会的信頼を著しく失墜させる行為であり、中小企業ならばその存続にかかわる大問題に発展する可能性さえあります。しかし、当の本人は炎上したことでようやく事の重大性を認識し、「こん

なに大ごとになるとは思わなかった」とまるでお決まりのフレーズを言うのです。

　それでは、認識の欠如しているような従業員に対して、会社が打つべき対策にはどのようなものがあるのか考えたいと思います。

① 就業規則の服務規律や懲戒に規定する
　（例）勤務時間中、職務と関係のない SNS にアクセスしたり、
　　　　投稿しないこと
② SNS 等の取扱いに関する規程を別途作成する
③ 入社時や休職時の誓約書に SNS に関する項目を追記する
　（例）休職中は、その意味を十分に理解し、SNS 等を利用することにより、
　　　　誤解を招くような情報の発信はしません
④ スマートフォンの持ち込み自体を禁止する
⑤ 入社時や定期的に研修を実施する

　このうち、①は就業規則を作成している会社であれば、規定していることがほとんどだと思いますが、ただ単に規定しただけでは抑止効果は期待できないでしょう。

　②は「情報取扱管理規程」のように就業規則から独立させた規程を別途作成することを意味します。

　それだけにより詳細な内容を規定することになるかと思いますが、①と同様に、「ただ作成しただけ」とならないようにしたいものです。③は本人の記名・押印をしてもらうため、SNS の不適切利用を予防する意味では効果を期待したいところですが、どのような内容を記載するのか、また、従業員にその意味を事前説明した上で提出させるようにして下さい。

　④就業時間中は会社が従業員のスマートフォンを預かり、終業後返却する運用になるかと思いますが、それで不適切投稿が防げるとは限りません。終業後にそのような投稿をすることもあるからです。

　①から③までの防止策に加え、⑤の研修を実施していただくことが最も望ましい対策だと思います。研修では、具体的事例を踏まえ、問

題が発生した場合に会社が受ける影響（企業イメージの悪化等）や、当事者である従業員がどうなるか（解雇、SNS で本人の氏名や住所、家族構成までが特定される、会社から莫大な損害賠償請求を受ける等）伝えていただくことで、より理解が深まることでしょう。このような対策を講じても万が一発生してしまった場合は、速やかな対応が何よりも重要となります。

③ 裁量労働制やフレックスタイム制を管理職やパートにも適用できるか

Q. 当社は正社員の一部に裁量労働制を適用していますが、今回この範囲を広げ、パートタイマー等の非正規社員も含めた全社員を対象としたいと思います。
あるいはフレックスタイム制でも構わないのですが、導入することはできますか。

Answer.

裁量労働制には「専門業務型裁量労働制」「企画業務型裁量労働制」があり、専門業務型裁量労働制は労使協定を締結し、所轄労働基準監督署に届け出ることで予め定められた19業務（システムエンジニアやコピーライター、弁護士等）に限り対象となるものです。よって、そもそもこれらの業務に従事していなければ、専門業務型裁量労働制の対象労働者とすることはできません。そしてこの19業務は「対象業務」といい、労働基準法第38条の3に「業務の性質上その遂行の方法を大幅に当該業務に従事する労働者の裁量にゆだねる必要があるため、当該業務の遂行の手段及び時間配分の決定等に関し、使用者が具体的な指示をすることが困難なものとして定める業務のうち、労働者に就かせることとする業務」と規定されています。

「仕事をどのように進めていくか、その方法等は社員に任せる」と言っているのであり、例えば新卒で入社していきなりシステムエンジニアというのは考えづらいですし、もし社内で当初からシステムエンジニアとして処遇したとしても、会社からの指示なく業務を遂行することは現実的でないと思われます。労働基準監督署からも不適切ということで、是正勧告や指導の対象となる可能性が高いでしょう。パートタイマーのような時給で賃金が支払われるような労働者に適用する

ことも、望ましいことではありません。

　企画業務型裁量労働制についても専門業務型裁量労働制と同じく「業務の性質上これを適切に遂行するにはその遂行の方法を大幅に労働者の裁量にゆだねる必要がある業務であること」「業務の遂行の手段及び時間配分の決定等に関し使用者が具体的指示をしないこととする業務」と規定されており、さらに「企画、立案、調査及び分析の業務であること」等にも該当することが求められています。対象となる労働者についても

① 対象業務を適切に遂行するための知識、経験等を有する労働者
② 対象業務を常態として従事している者

　のいずれにも該当する者となっているため、適用の対象となる労働者はより限定的です。

　平成11年に当時の労働省が出した通達では、「例えば、大学の学部を卒業した労働者であって全く職務経験がないものは、客観的にみて対象労働者に該当し得ず、すくなくとも3年ないし5年程度の職務経験を経た上で、対象業務を適切に遂行するための知識、経験等を有する労働者であるかどうかの判断の対象となり得るものであることに留意すること」としているので、新卒に企画業務型裁量労働制を適用することはやはり不適切です。

　フレックスタイム制は新卒でもパートタイマーでも適用は可能ですが、それぞれの役割や立場から見て馴染むものではないでしょう。

　管理監督者は労働時間の制約を受けない（いつ出勤し、いつ退勤するかは本人の自由である）ため、裁量労働制やフレックスタイム制の適用はできません。ただし、労働時間の把握は必要となります。派遣社員に専門業務型裁量労働制を適用することは可能です。労働者派遣法第44条に「労働基準法の適用に関する特例」というものがあり、専門業務型裁量労働制に関する読み替え規定があるからです。ただし、企

画業務型裁量労働制にはそのような規定はなく、行政通達でも「労働者派遣法第44条に第38条の4に関する規定がない以上、派遣労働者に企画業務型裁量労働制を適用することはできない」（平成12年3月28日基発180号）とされています。

④ 副業・兼業を認める場合の留意点

> Q.最近では副業を容認する会社も増えたようで、当社でも社員からの要望が多く寄せられるようになったため、副業を一定条件の下で認めようかと考えています。
> その場合の留意点があれば教えて下さい。

Answer.

働き方改革の一環として、副業・兼業を解禁する動きが活発になっています。ロート製薬やソフトバンク、花王、トヨタ自動車、NTT 等の有名企業でも、本業に良い影響を及ぼす等のメリットを挙げ、副業を認めています。

　厚生労働省のホームページには「モデル就業規則」が掲載されていて、これまで副業・兼業について「許可なく他の会社等の業務に従事しないこと。」としていたものを、2018 年 1 月掲載分からこの箇所が削除され、副業・兼業に関する規定が新たに追記されました。その規定例を以下記載します。

（副業・兼業）

　第〇条　労働者は、勤務時間外において、他の会社等の業務に従事することができる。

2　労働者は、前項の業務に従事するにあたっては、事前に、会社に所定の届出を行うものとする。

3　第 1 項の業務に従事することにより、次の各号のいずれかに該当する場合には、会社は、これを禁止又は制限することができる。

① 労務提供上の支障がある場合

---

② 企業秘密が漏洩する場合

③ 会社の名誉や信用を損なう行為や、信頼関係を破壊する行為が
ある場合

④ 競業により、会社の利益を害する場合

　このモデル就業規則の副業・兼業について、目新しい内容が追加さ
れているわけではありません。これまで副業・兼業を原則禁止とし、
例外的に認めていた会社の規定も概ねこのような内容となっています。
従って、新たに副業・兼業を認める場合は、このモデル例を参考にし
ていただき、会社の事情に合わせてアレンジすれば良いでしょう。

　　　　　　　※規定例の第2項では届出制となっていますが、許可
　　　　　　　　制でも構いません。筆者の顧問先でこの規定を設け
　　　　　　　　る場合は許可制とするようにしています。

　会社に届け出る書式には、副業・兼業先の情報として会社名、事業
内容、住所、電話番号のような基本情報に加え、1日当たりの勤務時
間と1週当たりの労働日数、また、いつからいつまで勤務する予定な
のか勤務期間の情報が必要です。そして最も重要だと思われるのが副
業・兼業を希望する理由です。

　以上は規則類の整備に関する留意点であり、実際に社員が副業・兼
業をするようになった留意点を「副業・兼業の促進に関するガイドラ
イン」から抜粋すると、「就業時間の把握・管理や健康管理への対応」「職
務専念義務、秘密保持義務、競業禁止義務をどう確保するか」が挙げ
られています。

　就業時間（労働時間）について本業と副業・兼業先の労働時間は通
算されるため、通算された労働時間が法定労働時間（1日8時間、1週
40時間）を超えた場合の割増賃金をどちらが負担するのかという問題
が生じることがあります。この場合はそれぞれの労働契約の内容や実
際の労働時間によって判断されるため、副業・兼業先が負担するだけ

でなく、本業の会社が負担しなければならないこともありますので、注意して下さい。

　副業・兼業違反により解雇されたが、無効とされた裁判例に十和田運輸事件（東京地裁判決平成13年6月5日）等があり、社員からのアルバイト許可申請を不許可としたことについて、慰謝料が認められた裁判例にマンナ運輸事件（京都地裁判決平成24年7月13日）があります。

⑤ 就業規則の不利益変更で 社員の「同意書」は必須か

> Q. 経営環境が厳しさを増す中、一部手当の減額や廃止を実施する予定です。
> この場合、就業規則の変更手続きを行い労働基準監督署に届出しますが、社員から同意書も取得しなければならないでしょうか。

Answer.

既 存の労働条件を変更するときは、使用者と労働者が合意の上変更することが原則です（労働契約法第8条）。そして就業規則を変更するとき、その内容が労働者にとって不利益となるような場合は、労働者との合意のない変更は認められていません（労働契約法第9条）。この規定だけだと、ご質問のような手当の減額や廃止は不利益変更の最たるものですから、社員の方の合意を得なければ変更できないことになります。

労働契約法第9条には「ただし、次条の場合は、この限りでない。」とも規定もされていて、次条である第10条は就業規則の不利益変更における例外規定となっています。

> 　使用者が就業規則の変更により労働条件を変更する場合において、変更後の就業規則を労働者に周知させ、かつ、就業規則の変更が、労働者の受ける不利益の程度、労働条件の変更の必要性、変更後の就業規則の内容の相当性、労働組合等との交渉の状況その他の就業規則の変更に係る事情に照らして合理的なものであるときは、労働契約の内容である労働条件は、当該変更後の就業規則に定めるところによるものとする（以下省略）。

　この規定からも分かるように、様々な事情を勘案して合理的である場合に限り、就業規則による不利益変更が認められることとされているため、まずは社員の方から個別に合意を得るようにして下さい。個別合意を得ることが困難であるときは、就業規則を変更することにより変更せざるを得ませんが、この場合は労使間の紛争に発展する可能性が高くなりますので、出来れば避けたい方法です。

　さて、個別に合意を得る方法ですが、「合意は書面によって行わなければならない」等の法律上の決まりはありません。よって、説明を口頭で行い、双方納得すれば合意は成立することになりますが、後で「聞いていない」「合意したとは言っていない」と社員から主張されることがあります。そのため、実務上では書面による「同意書（合意書）」を作成し、これに署名してもらいます。特に基本給や手当、退職金のような重要な労働条件の不利益変更である場合、同意書の取得は必須です。

　筆者が以前ご相談を受けたものでは、成果の上がらない社員に対し、社長がホワイトボードに「現状のあなたの成果がこうであって、給与をこれだけ下げなければならない」といったことを説明しながら書きだし、本人もその場で特に反対意見を述べなかったようなので減額を実施したといったことがありました。この社員の成果はその後も上がることはなく、社長は再度説明し、さらに減額したところ弁護士名の内容証明郵便が届きました。その後訴訟となり、会社側が敗訴となりました。

　ここでのポイントは、会社が社員から同意書を取得していなかったということです。ご相談があった時にはすでに同意書を取ることなく減額が行われていたのです。口頭で仮に合意していたとしても、このように後になってひっくり返されることはよくあるのです。したがっ

て、就業規則を社員にとって不利益な内容に変更するときは、必ず同意書（どのような理由で、何を、いつから（いつまで）、どの程度減額するか等を記載）を取得することが求められます。

⑥ 就業規則の意見書に、従業員代表が同意しない 等の反対意見が記載されていた場合

Q. 今回、テレワークの新規導入や評価に連動した賃金制度を導入するため、就業規則を大幅に変更することにしました。
特に賃金制度についてはこれまでと内容が大きく変わるため、社員からの理解が得られないかもしれません。そのため就業規則の意見書にも反対意見を記載するかもしれませんが、労働基準監督署は受理してくれるのでしょうか。

Answer.

就業規則を制定・変更するときは、「就業規則（変更）届」「意見書」に該当する就業規則や賃金規程等を添付の上、所轄労働基準監督署へ届け出なければなりません（電子申請による届出も可能です）。「意見書」には労働者の過半数を代表する者の「職名」「氏名」「過半数代表者の選出方法」を記載します。

　「職名」は課長とか、店長と記載したり、空欄のままだと労働基準監督署から問い合わせが来ることがあります。

　管理監督者は過半数代表者になることはできないため、課長名だったりすると実態はどうなのか確認しなければならないからです。

　空欄の場合、単純な記載漏れもあると思いますが、「役職のない方が過半数代表者になったので空欄としました」という会社もあります。しかし、その場合は少なくとも「一般職」と記載すべきでしょう。「○○業務担当」でも良いです。記載がない場合は受理されません。「意見書」には、その名のとおり過半数代表者としての意見を記載することができる欄があります。記載内容に制約はありませんので、次のような記載はすべて問題ありません。

「就業規則の変更について意見を求められましたが、全面的に賛成します。」

「就業規則の変更について、第○条と第○条は異議ありませんが、第○条の△△手当と、第○条の□□ついては、今後の検討をお願いします。」

「特に異議はありません。」（このパターンが一番多いでしょう）

「就業規則の変更内容には、問題が多く賛成することはできません。」

「全面的に反対します。」

　このように、賛成であればよいのですが、反対の旨記載されることもあります。過半数代表者の反対意見は社員全員の意見を反映したと言えますから、そのような意見書だと労働基準監督署は受理してくれないのではないかと思ってしまうかもしれません。しかし、労働基準法で定められた規定どおりに手続きを行えば、どのような意見があったとしても受理はされます。

　労働基準法第90条（作成の手続）第1項では次のように規定されています。

　使用者は、就業規則の作成又は変更について、当該事業場に、労働者の過半数で組織する労働組合がある場合においてはその労働組合、労働者の過半数で組織する労働組合がない場合においては労働者の過半数を代表する者の意見を聴かなければならない。

　「意見を聴かなければならない」とは規定されていますが、例えば「反対意見がある場合は、労使双方協議の上合意するようにしなければならない」というような例外規定はありません。

　以上から、労働基準監督署が就業規則（変更）届を受理するにあたり、意見書の内容に左右されることはないということをご理解いただけたかと思いますが、就業規則の内容まで全く問題がないかというとそれは別です。労働基準監督署は意見書の添付がなかったとか、過半数代表者の選出方法に疑義があるようならともかく、そうでなければ就業規則の中身を１つひとつ細かくチェックすることはしないので、本来なら不適切なはずの条文が明記されていたとしても、受理されることはあるからです。

　そのような意味では、会社は就業規則の改定内容をしっかりと過半数代表者に説明しなければなりませんし、過半数代表者も気になるところがあれば遠慮することなく確認しなければならないでしょう。

Q. 退職したいのならルールに従って退職届を提出すればよいの
　に、突然出社しなくなり連絡しても応答なく、そのまま一切
　の音信が不通となる社員が最近増えて困っています。
　こちらの事務作業も滞ってしまうので、さっさと退職処理し
　てしまって構わないでしょうか。

Answer.

筆者が会社で人事を担当していた当時から、退職時のルールを逸
脱する人は少なからずいましたが、近年ではインターネット環
境、とりわけ SNS が発達したことも要因の1つでしょうか、「立つ鳥
跡を濁さず」とは程遠い退職の仕方をする社員が増加していると思い
ます。笑えない話だと、人事部門に所属していた社員が退職代行会社
を使って退職したケースもあったりするのです。

　会社の就業規則には、退職に関する規定が設けられており、自らの
意思＝自己の都合により退職する場合は、「原則として退職予定日の
30 日前までに、退職届を提出することにより行わなければならない」
のようなものとなっているのではないでしょうか。つまり、退職届の
提出により退職の意思表示をしなければ、退職処理は行わない（行え
ない）というルールです。もちろん口頭で退職の意思表示を行い、会
社がこれを認めても退職処理は可能ですが、後から「退職するとは
言っていない」「退職届も出していないし、自己都合の証拠はない」
等とトラブルになることがあるため、書面により受領するのは当然で
す。そして本人の書き損じや漏れを防止するため、退職届のひな形を
用意している会社もあります。

　ところが、勤務先がいわゆるブラック企業であって、「辞めたくても辞めさせてもらえない」とか、「退職届を提出しに行ったら何をされるか分からないので怖い」といった特段の事情があるならともかく、そうでない会社で勤務していた場合でも、ルールに沿った手続きがされていないこともあるのです。

　そうするとご質問のようにさっさと退職処理をして、縁を切ってしまいたくなる気持ちも分からないではありません。しかし、このような場合こそ、会社側は就業規則のルールに従った対応をしてくことが重要です。つまり、就業規則の規定をどのようなものとするかがポイントになります。規定例（一部）は次のようなものです。

「第〇条（退職）社員が、次の各号のいずれかに該当したときは、その日をもって退職とする。
(1) 本人が死亡したとき
(2) 本人の都合により退職を願い出て、会社がこれを認めたとき
(3) 社員が行方不明となってから30日以上経過してもなお所在が不明のとき」

　音信不通の社員については、電話（留守番電話のときはメッセージを入れる）やメール、SNSで何度か連絡を取ることを試み、進展がないのであれば本人の自宅へ出向いたり（不在の場合はメモを郵便受けに入れる）、身元保証人へ協力を求める等の対応をしていただく必要はあります。

　　　　　※病気等により、自宅内で身動きが取れない状態にあるかもしれません。その場合は管理人や警察立ち合いのもと、居室内に入らなければならないことあるでしょう。

様々な手を尽くしても連絡が取れないのであれば、(3) を適用し、退職手続きを行うしかないでしょう。この 30 日という日数ですが、50 日としている規定例もあります。50 日とは民法第 627 条の規定を念頭において設定した日数かと思われますが、2020 年 4 月より民法は改正されたため（第 7 章その他様々な諸問題に関する Q&A の **Q1**「民法の改正により『身元保証書』等の人事労務分野にも影響があるとのことだが」参照）、30 日でも問題はないと考えます。

8 退職の連絡を LINE でしてくる場合、認めなくても良いか

> Q. 当社は、社員間の簡便な連絡手段として LINE を導入していますが、ある社員が突然 LINE で「退職します」と連絡してきました。
> 退職することは仕方のないことだと思いますが、社会人としての常識から退職届を提出しない限り認めたくありません。このような考え方は間違っているのでしょうか。

Answer.

SNS 時代ならではのご相談と言えます。**Q7** の「音信不通の社員がいる場合、退職処理しても構わないか」でも述べたとおり、会社の就業規則において、自己都合により退職する場合は「30 日前までに退職届を提出することにより行わなければならない」と規定されていることがほとんどだと思います。それでも LINE やメール等でひと言「退職します」と送信してきてそれっきりということがあります。連絡手段を一切遮断し、出社することもなく、引き継ぎすることなく、他の社員や取引先に迷惑がかかることなどどこ吹く風で「フェイドアウト」していくのです。このような退職の仕方を認めてしまうと、今後同じような辞め方をする社員が増えてしまうかもしれません。そのため、LINE やメールによる退職の申し出は就業規則にも違反する行為であり、認めたくないのは至極当然です。

しかし、原則としてそのような退職の申出であっても認めなければならないでしょう。その場合であっても、退職年月日と自己の都合であること（一身上の都合であること）は明記されていないと会社側は退職日を確定することができず、社会保険の喪失処理や離職票の作成ができないので、そういう時は「こういう理由で処理ができないから、

改めて送信するように」と連絡することになるかと思います。

　筆者のところにも、過去1回だけLINEよる退職の申出があり、どうしたら良いかという相談がありました。社員は若い方で社長とのやり取りも見せていただきましたが、内容を見る限り退職の意思は固く、かと言って会社が引き止めなければならないような人材でもなく、結局は体裁とかプライドだけの問題でした。それならば、さっさと退職日を確定して退職処理をしてしまう方が双方のためです。

　退職は認めざるを得なくても、就業規則違反であることは確かなので、本人が退職する日前であれば訓告や戒告等の処分をすることは可能だと考えられます。ただし、当の本人は処分されても気にも留めないでしょうが（軽い処分であれば、本人には何ら影響がないと思われるため）。

　最後に、就業規則に規定された書面による退職届の提出をしなかったとして争いとなり、会社側が勝訴した古い裁判例を挙げておきますが、参考程度としていただくのが良いでしょう。

全日本検数協会事件（横浜地裁判決昭和38年9月30日）

　　　　　　　　　　　　　　　※労働民例集14巻5号1333ページより

　被傭者が退職という雇傭関係上最も重大な意思表示をするに際しては、これを慎重に考慮せしめ、その意思表示をする以上はこれに疑義を残さぬため、退職に際してはその旨を書面に記して提出すべきものとして、その意思表示を明確かつ決定的なものとし、この雇傭関係上最も重要な法律行為に紛糾を生ぜしめないようにするとともに書面による退職の申出がない限り退職者として取り扱われないことを保障した趣旨であると考えねばならない。

---

⑨ 試用期間は3か月間と6か月間のどちらが良いか

> Q. 当社の社員が10名以上となったので就業規則を作成したいと思います。
> 知り合いの経営者に聞いたり書籍を見たりした中では、試用期間は「3か月」か「6か月」としているものが多いようです。どちらの方が良いのでしょうか。例えば「4か月」とか「1年」ではダメなのでしょうか。

Answer.

労働基準法には試用期間の長さについての規定がありません。そのため、3か月でも6か月としても問題ありません。4か月とすることもできます。2か月としたっていいのです。つまりどの程度の長さとするかは、原則として会社が自由に決めることができるのです。

ただし、あまりにも長い試用期間に設定すると、入社を考えている方からは敬遠されると思いますし、入社したとしても本採用されない可能性が高まるので会社の採用競争力は弱まります。したがって、1年とすることは避けるべきだと思います。

また、試用期間を設けないこともできますが、数回の採用面接や職務経歴書、エントリーシート等だけをもって、その方の能力や性格、考え方等を全て把握することは難しいでしょう。採用した時は大いに期待したものの実際は成果が上がらなかったり、すぐに遅刻や欠勤をするようになったり、期待外れということもよくあります。そのリスクヘッジのため、試用期間を設けないという選択はないはずです。

1～2か月だと、試用期間という「社員の実務能力等を見極める期間」としては短すぎると考えられます。4か月は短すぎることも長すぎることもありませんが、筆者はこれまで4か月としている就業規則を見

たことはありません。一般的にみても試用期間は3か月か6か月に設定されています（繰り返しますが4か月としても構いません）。

　ところで、試用期間が満了する時期が近づいても本採用することの可否に迷うケースがあります。そこで多くの就業規則が原則として3か月や6か月と設定しつつ、例外規定として「ただし、最長で6か月まで試用期間を延長することができる」としています。

　そうすると試用期間が6か月で、さらに6か月延長した結果として試用期間が1年になる場合があります。当初から試用期間を1年とすることは避けるべきだと述べましたが、延長した結果、1年となるような規定も設定するべきではないのでしょうか。

　これについては参考となる裁判例があります。

　ブラザー工業事件（名古屋地裁判決昭和59年3月23日）では「試用期間中の労働者は不安定な地位に置かれるものであるから、労働者の労働能力や勤務態度等についての価値判断を行なうのに必要な合理的範囲を越えた長期の試用期間の定めは公序良俗に反し、その限りにおいて無効であると解するのが相当である。」としていて、見習い社員期間が最短の者で6か月〜9か月、最長の者で1年〜1年3か月設定されていたにもかかわらず、見習い社員から登用した後さらに試用期間として6か月〜1年設定されていることは、「合理的範囲を超えているものと解するのが相当である。」と示しました。

　以上から、実際の試用期間の長さについては、延長する期間も含めて1年以内とすることが望ましいと考えられます。なお、先述のとおり試用期間は3か月か6か月することが一般的ですが、6か月としながらその途中で解雇すると「6か月という試用期間中は、会社もきちんと私の適性を見極めてくれるんだ＝雇用は保証されているのだ」として、トラブルになることもあり、より短い3か月を推奨する方もいらっしゃいます。もし3か月とするのであれば、その間はしっかりと見極め（評価）できるようにしましょう。

⑩ 有給と特別休暇を合わせて2週間超の休暇を求めてきた場合、認めなければならないか

> Q. 当社は優秀な社員の確保を目的として、年次有給休暇の他にもリフレッシュ休暇等、様々な特別休暇制度を設けています。先日、有給休暇と特別休暇を合わせて2週間程度休みたいと申し出てきた社員がいます。
> このような長期の休暇取得は想定していなかったのですが、認めなければならないでしょうか。

Answer.

貴社の特別休暇の規定内容がどのようなものか分からないので、確実な回答をすることが難しいのですが、よくある次のような内容だという前提で回答したいと思います。

「第○条（特別休暇）次の各号に掲げる事由に該当し、会社がその必要を認めたときは、当該各号に定める日数の特別休暇を社員に与える。

(1) 本人が結婚するとき……○日

(2) 子が結婚するとき……○日

(3) 勤続○年以上の社員が利用を希望するとき……○日

以下省略

2. 特別休暇は有給とし、その期間については、通常の賃金を支払うものとする。

3. 特別休暇を取得しようとするときは、あらかじめ会社に届け出なければならない。この場合において会社は社員に対し、必要最小限の書類を提出させることができる。」

このような規定となっている場合、年次有給休暇と特別休暇を合わせて2週間程度の休暇となり、社員がその取得申出をしてきたとしたら認めざるを得ないでしょう。年次有給休暇は労働者の権利であり、そもそも許可制とすることはできません。申出があった場合は例外を除き認めなければなりません。「例外」とは労働基準法第39条第5項に規定されている「年次有給休暇の時季変更権」です。

> 使用者は、前各項の規定による有給休暇を労働者の請求する時季に与えなければならない。ただし、請求された時季に有給休暇を与えることが事業の正常な運営を妨げる場合においては、他の時季にこれを与えることができる。

　そうすると、2週間程度の長期休暇が「会社の事業の正常な運用を妨げる」として、年次有給休暇として取得の申出をしてきた分については時季変更権を行使すれば良いのではないかと考えるかもしれません。しかし、時季変更権が認められるためのハードルは高く、例えば代替要員を確保することが困難で、そのため事業の正常な運用に大きな支障が生じることが明らかなような程度である必要があります（横手統制電話中継所事件　最高裁第3小法廷判決昭和62年9月22日等）。
　よって、労働基準法で付与が義務とされている年次有給休暇ではなく、会社が自由に制度設計できる特別休暇について制限をかけるような規定を設けると、今回の問題はある程度クリアになるでしょう。例えば次のような規定です。

「年次有給休暇と特別休暇を併用することで休暇期間が長期にわたり、それが事業の正常な運営を妨げると会社が判断したときは、特別休暇の取得を認めないことがある。」

　ここでいう「事業の正常な運用を妨げると会社が判断するとき」とは、特別休暇も取得することによって事業の正常な運用が妨げられるという意味で規定されていることに注意して下さい。

　もちろん、会社がその取得条件や内容を自由に定めることのできる特別休暇であっても、ひとたび規定すればそれは労働条件となるため、社員に対する相応の配慮は必要になると思います。そのため、特別休暇を就業規則に設ける際は、起こり得るケースを想定しながら規定していただければと思います。

⑪ 入籍後 1 年以上経ってから、結婚休暇の申出をしてきた場合どう対応すべきか

Q. 先日、ある男性社員が「就業規則に規定されている結婚休暇5 日を取得したい」と言ってきました。
聞けば入籍したのは 1 年以上前だそうで、「今頃言ったって無理」と伝えましたが聞き入れません。
このような状況ではどう対応するのが適切でしょうか。

Answer.

会社の就業規則に規定されている特別休暇で最も多くみられるものは、いわゆる「慶弔休暇」であり、今回ご相談いただきました結婚休暇（社員本人やその子が対象）や配偶者の出産に伴う休暇、親族の死亡による休暇等があります。特別休暇は労働基準法で定められている年次有給休暇とは異なり、制度そのものを設けるかどうか、また、その内容をどのようなものとするかは会社の裁量に委ねられています。

最近では社員のモチベーションアップや人材確保等の観点から、「リフレッシュ休暇」「ボランティア休暇」「誕生日休暇」「ペット忌引休暇」「失恋休暇」のようにユニークなものまで登場するようになりました。

このような休暇を申請し取得することで、他の社員とのコミュニケーションを取るきっかけにもなりますので、社内活性化という面でも望ましい制度だろうと思われます。もっともこれらの特別休暇は随時利用されていても、年次有給休暇の消化が十分にされていないようだと特別休暇を設ける意味が失われるかもしれません（年次有給休暇と違い、特別休暇は取得理由が明確なため社員として申請しやすいという側面はありますが）。そのようなことがないように、年次有給休暇が取得しやすい環境整備を日頃から行っていかなければならないでしょう。

さて、貴社の社員の方が入籍後1年以上経ってから結婚休暇の取得申出をしてきたとのことですが、次のような就業規則の規定となっているならば、認めなければならないでしょう。

「第○条（特別休暇）社員が次の各号に掲げる事由に該当し、会社がその必要を認めたときは、当該各号に定める日数の特別休暇を与える。
(1) 本人が結婚するとき…2日
(2) 子が結婚するとき…1日
(3) 妻が出産するとき…2日
(4) 父母、配偶者又は子が死亡したとき…5日

※ (5)以降は省略

2　特別休暇は有給とし、その期間については、通常の賃金を支払うものとする。
3　社員が特別休暇を取得しようとするときは、あらかじめ会社に届け出なければならない。この場合において会社は社員に対し、必要最小限の書類を提出させることができる。」

　この規定における結婚休暇の取得条件は「本人が結婚するとき」となっており、手続きとしては第3項で「取得するときは、あらかじめ会社に届け出なければならない」と規定されているだけです。つまり「いつまでに取得しなければならない」といった取得期限が明記されていません。よって極論すれば、1年どころか数年先に申し出たとしても理屈上では取得可能ということになります。

　このような事態を回避するためには「起算日」及び「取得期限」を規定しなければなりません。結婚休暇の場合であれば、「入籍日から起算して○か月以内」「結婚式を挙げた日から起算して○か月以内」のような規定とすることが考えられます。併せて申し上げるのであれば、取得日数についても「○日」とするのではなく、「○労働日」と

規定した方が誤解も生じないので良いかと思います。「◯日」とした規定でよく問題となるのが、公休日も含めた日数なのかということです。公休日も含めた日数だとすると、せっかくの特別休暇がほとんど取得できない場合もありますので、筆者が作成する就業規則では公休日は含めないようにしています。

12 届出の遅滞があった社員から、日付を遡及の上対応するよう求められたらどうするべきか

> Q. 時々、社内手続きに必要な各種届出を遅れて提出してくる社員がいます。
> 　最近も資格試験に合格したとして資格手当の支給申請をしてきた社員がいて、「合格したのは○月だからその時に遡って手当を支給して下さい」と主張しました。
> 　過去に遡ってまで支給する必要はないと回答しましたが、問題なかったでしょうか。

Answer.

会社は社員から必要事項が記載された書類の提出を受け、作成したものを行政官庁へ提出したり、給与計算データに反映させたりします。社員から申告がなければ知ることのできない情報のため、事実が発生したら社内ルールに沿って速やかに届け出していただきたいものです。

　社会保険労務士も顧問先から社員の方の情報提供を受け、日本年金機構やハローワーク、労働基準監督署へ書類を作成・提出したり、給与計算を行ったり、助成金の申請を行っていますが、顧問先からの情報提供が遅滞すると社員に対して不利益が生じる場合もあります。助成金だと受給不可となり、これは会社に不利益をもたらします。

　そのため、業務委託契約書には通常「資料等の提出が乙（＝社会保険労務士）の正確な業務遂行に要する期間を経過した後であるときは、それに基づく不利益は、甲（＝会社）において負担する。」と規定しています。

　会社においては、速やかな処理を実施するため、就業規則に届出義務として「次の事項に異動が生じた場合には、あらかじめ、又は異動

が生じた日から1週間以内に会社に届け出なければならない。」のような規定を設けていると思います。そして対象となる事項には「氏名」「住所」「扶養親族」「資格や免許」等が考えられます。氏名であれば日本年金機構（健康保険証の氏名変更）での手続きや、給与明細に記載の氏名及び給与振込口座の名義変更手続きが必要となるでしょう。

　ただし、氏名の変更手続きが遅滞したからといって、本人又は会社に大きな不利益が生じることは考えづらく、実務上問題となるのは給与に関する諸手当がほとんどです。貴社では会社の定める資格試験に合格した社員に対し、資格手当を支給されているようです。手当であるので、賃金規程に支給基準が規定されているかと思います。そうすると賃金規程にどのような内容が規定されているかにより、遡及して支給すべきかどうかの判断が行われることになります。

　資格手当の規定例を記載します。

「第〇条（資格手当）会社の定める資格を有する社員に対し、資格手当を支給することがある。
2　資格手当の額は個別に定める。
3　資格手当は支給事由が発生した日の属する月の翌月から支給する。
4　社員の有する資格内容に変更が生じたときは、社内書式により速やかに届け出なければならない。」

　この規定例では支給事由の発生が合格した日なのか資格試験を主催する団体への登録が済んだ日なのか不明ですが、「合格証の写しを社内書式に添付の上、会社に提出した日」等とすると分かりやすいでしょう。しかし、それだけだと必要書類を遅れて提出した社員に対しても遡及して支給しなければならないでしょう（労働基準法第115条の時効に該当することもあるため）。これを防止するためには「社員が必要な届出を怠った場合、手当を遡及して支給することはしない。届出遅滞よる不利益は社員が負うものとする。」という内容を追記していただ

く必要があります。故意の遅滞については懲戒処分の対象となる旨を
規定することも考えられます。

⑬ 好待遇で中途採用した部長の成果が上がらないので解雇したいが、どう対応するべきか

Q. 業界でのこれまでの経験やノウハウ、人脈を期待して中途採用した部長についてのご相談です。
入社して数か月が経過しましたが、当社が当初期待していた成果が上がっていないため、解雇したいと思います。
トラブルになることなく進めていくにはどのようにしたら良いでしょうか。

Answer.

部長職であっても、一般職であっても労働者であることに変わりはありません。したがって、解雇する場合は労働基準法で規定されている解雇予告手当を支払ったり、解雇予告を行った上で解雇することになります。

ただし、法律に沿って解雇手続きを進めたから問題ないということにはなりません。労働契約法第16条では「解雇は、客観的に合理的な理由を欠き、社会通念上相当であると認められない場合は、その権利を濫用したものとして、無効とする。」と定められているからです。

また、解雇したものの訴訟となり、解雇無効の判決が下され、職場に復帰するまでには至らなくとも多額の損害賠償を支払う事案はよく見られますので、適切な判断の下、慎重に進めていただくに越したことはありません。

ところで、部長職で中途入社してもらったものの、会社の期待に反して成果をあげられていないため解雇したいとのご相談ですが、この場合の解雇は「能力不足による普通解雇」に該当します。普通解雇の種類には、この他にも勤怠不良によるものや協調性不足によるもの、

心身に故障等があって完全な労務提供が不可能であるもの等がありま
す。

　勤怠不良（遅刻早退や欠勤）の場合は、1か月に〇回遅刻があったとか、
〇日間欠勤したといった客観的なデータが数値として表れます。その
ため、解雇の決断はデータを基準に行うことができますし、訴訟等に
なったときにも目に見える具体的な資料として使うことができますが、
それでも裁判では会社にとって厳しい結果となることが多いです。

　勤怠不良でも解雇有効となるには高いハードルが課せられているの
に、能力不足解雇が有効となることはさらに厳しいと言わざるを得ま
せん。

　営業職であれば数値目標があって、その達成度合いにより能力の有
無を判断することが可能かもしれません。それ以外の職種の場合で
あっても、何らかの数値目標を設定した方が良いでしょう。コストの
削減額や事務処理の件数等、会社の業種や職種に応じて設定して下さ
い。数値目標以外の目標についても抽象的なものは排除していただき、
できるだけ具体的なものとなるよう工夫をして下さい。

　会社としては社員が目標を達成するための環境を整備しなければな
りません。業務の進捗状況を定期的にチェックし、問題点が見つかれ
ば改善するよう「教育」「指導」していくことが重要です。

　教育・指導については、いつ・誰が・どのような問題課題があって、
どのような教育・指導したのか記録しておくのがベストです。このよ
うな対応をしつつも改善がされないようであれば最終通告を書面で行
い、なお現状のまま変わらないのであれば退職勧奨から解雇という判
断に至っても仕方がないと思われます。

　能力不足による解雇の進め方は、会社での地位がどのようなもので
あっても基本的に同じですが、例えば新卒採用者は社会人経験があり

ませんので、能力不足だからといって解雇としても認められる可能性は極めて低いものとなります。相応の時間をかけて教育・指導していくことが当然だからです。

　これに対して部長職のような高い地位を約束されて入社に至った方（地位特定者と呼ばれています）は新卒や若手・経験の浅い中途採用者と同列で考える必要はありませんが、解雇されれば紛争に発展する可能性もあるので、採用時の労働条件通知書に「部長職として採用する」と記載するとともに「部長職として求める役割」「目標（数値）」を具体的に記載し、本人に説明するようにして下さい。

懲戒処分により始末書の提出を求めたが、拒否された場合はどうするか

> **Q.** ある社員が会社のルールに反する行為を行ったことが分かったため、譴責処分としました。
> 当社の就業規則で譴責処分となったときは始末書を提出することになっていますが、社員は提出することを拒みました。
> 規則に規定があっても強制することはできないのでしょうか。

Answer.

社員を懲戒に処するためには就業規則を作成し、懲戒に関する条文を明記することが必要です。懲戒の種類には「譴責」「訓戒」「減給」「出勤停止」「降格」「諭旨解雇」「懲戒解雇」等があり、処分をどの程度とするかは、社員の行った企業秩序違反行為とその処分の重さのバランスを考えて決定することが重要です。違反行為に対して、処分内容が重すぎるようだと「懲戒権の濫用」とみなされる可能性があるからです。

　今回貴社の処分は「譴責」ということなので、懲戒権の濫用については気にする必要はありません。そこで始末書の提出を拒否されたときの対応を検討することになります。就業規則の懲戒処分に譴責を規定するときは「始末書を提出させ、将来を戒める。」とするので、社員からは反省の態度を示すとともに、同様の行為を繰り返さないことを誓約するような内容を記載した始末書を提出させます。

　ところが、違反行為そのものは認めても、始末書の提出は頑として拒否する社員がいます。筆者の事務所でも年2～3件ほどですが、始末書を提出しない社員への対応についてお問い合わせをいただきます。中には「このような軽い処分で本当にいいのでしょうか?」というものもあります。それは本人の将来を勘案したり、反省を次に生かして

くれるだろうという親心のような気持があるからでしょう。残念ながらそのような気持ちも相手に伝わるとは限らないのです。

そして就業規則に提出義務を規定しているからといって、始末書の提出を強制することはできません。反省や謝罪の気持ちというのは個人の自由であり、その考え方は尊重されるべきであるというのが理由です。

そうすると会社側は何ら打つ手はないのかということになりかねませんが、始末書が提出されない場合は「顛末書」の提出を求めることになります。顛末書とは「事の顛末」という言い方があるように、企業秩序違反がどのような状況下で発生してしまったか、そしてどのような問題が生じてどのような影響があったか等の経過や、今後の再発防止策が記載された報告書のようなものです。

会社としては発生したトラブルの内容を詳細に把握する必要があります。書面に残るメリットもありますので最低限顛末書は提出させましょう。「顛末書の提出さえ拒否したらどうしますか?」と質問をいただくことがあります。顛末書を提出しないときは服務規律に反する行為として、懲戒処分することは可能です。

では、始末書を提出しないその行為をもって、懲戒処分とすることはできるのでしょうか。過去の裁判例では「できない」とする例が多いようです。したがって、前述のとおり顛末書の提出を求めて下さい。

社員としての立場からすれば始末書は提出し、同じ過ちを繰り返さないよう努めた方が良いのではないかと思います。退職が予定されているとか決意している事もなく、引き続き同じ会社に残るのであれば始末書の提出拒否は得策だと言えません（会社がいわゆるブラック企業であったりする等の特別な事情がある場合を除く）。

※筆者も新卒で入社した会社で社有車を運転していた時、免許を取得してそれほど月日が経っておらず運転が不慣れだったからだと思いますが、車に傷を付けた自損事故で始末書を提出したことがあります。とても反省したものです。

15 出勤停止処分とする場合、その日数はどの程度とすることが妥当なのか

> Q. 複数の社員の不正行為が社内調査で発覚しました。
> 就業規則の規定により、出勤停止処分とすることを検討して
> います。出勤停止の場合は「14日以内の期間を定めて出勤
> を停止する」となっていますが、実際出勤停止日数をどの程
> 度にすることが適切でしょうか。

Answer.

就業規則に規定されている懲戒の種類のうち「出勤停止」については、次のような内容となっているものが多いかと思います。

「始末書を提出させ、7日以内の出勤を停止する。その期間の賃金は支払わない」
「14労働日以内の期間を定めて出勤を停止し、その間の賃金は支給しない」

　出勤停止期間をどの程度の長さとするかは、法律上の定めがないため会社の自由ですが、7〜14日以内とすることが一般的です。仮に出勤停止期間を50日以内としていても問題はありませんが、長期の出勤停止期間を規定していて、実際の上限期間（例えば50日）を行使した場合はトラブルにもなりやすいので、あまり長い期間とすることは望ましいものではありません。

　古い行政通達ですが、これも参考となるでしょう。

就業規則に出勤停止及びその期間中の賃金を支払わない定めが
ある場合において、労働者がその出勤停止期間中の賃金を受けら
れないことは、制裁としての出勤停止の当然の結果であって、通
常の額以下の賃金を支給することを定める法第91条の規定には
関係ない。但し、出勤停止の期間については公序良俗の見地より
当該事犯の情状の程度等により制限のあるべきことは当然である。
（昭和23年7月3日基収2177号）

　次に出勤停止期間を7～14日程度で規定している会社で、社員が
企業秩序違反行為をしたので懲戒に処することとなったとき、「何日
間の出勤停止処分とするか」ということですが、これはその社員の違
反した行為の内容と程度で判断するしかありません。出勤停止とする
場合の事由（該当事由）の1つに「正当な理由がなく無断欠勤や無断
外出をしたとき、又は正当な理由がなく遅刻や早退を繰り返すなどし
たとき」があったとします。実際に社員がある日、会社に何の連絡も
なく欠勤したのであればこの事由に該当するので、出勤停止処分とす
ることは可能です。

　では、懲戒事由に該当するから上限の「7日」とか「14日」とする
ことはできるのでしょうか。第三者から見れば、おそらく「処分内容
が少し重すぎないか？」と思うかもしれませんが、法律上の制限規定
がなく就業規則に規定されている以上、7日であっても14日であっ
てもできることになります。これが実際に重すぎるかどうかの判断は
司法に委ねるしかありません。

　裁判例では、岩手県交通事件（盛岡地裁一ノ関支部判決平成8年4月
17日）があります。

　バスガイドが生理休暇中に遠方へ旅行し、翌日の民謡大会に出席し
たことが生理休暇の不正取得とされ休職6か月とされたところ、3か
月であれば有効としたものです。

　また、海遊館事件（最高裁第一小法廷判決平成27年2月26日）では、

部下の女性社員に対して長期にわたってセクハラ行為を行ったことによる出勤停止処分を受け、その結果として降格となったため、管理職2名がこの処分が重すぎるとして訴えました。この時会社が行った出勤停止期間は1人が30日、もう1人は10日でしたが、裁判所は「社会通念上相当性を欠くということはできない」としてこれを有効としました。

　筆者の顧問先の例だと、14日（就業規則で規定されている出勤停止期間の上限）の出勤停止を命じられた社員が、これを不服として労働組合に加入し、団体交渉を数回行ったものがあります。詳細は書けませんが、会社の事業内容と本人の行った違反行為を鑑みれば、たとえ訴訟となったとしても仕方がないという態度で臨みました。

　　　　　　　※弁護士と筆者と、会社の担当者が団体交渉に参加しました。

　本人の犯した行為と処分内容のバランスが適切であると思うならば、粛々と懲戒処分を行って下さい。

　なお、出勤停止期間は「○日」よりも「○労働日」としていただくと、公休日の取扱いに悩まずに済みます。

⑯ 週休3日制を導入する場合、事前に確認・準備すべき事項にはどのようなことがあるか

> Q. 新型コロナウイルス感染症への対策の一環として、週休3日制の導入を検討してみようと思います。
> その際、事前に確認しておくべきことや準備しておくべきこととして、どのようなことがあるのでしょうか。

Answer.

新型コロナウイルス感染症の拡大により、テレワークや時差出勤の他、週休3日制を導入する動きが出てきました。実はそれ以前より週休3日制を導入・検討していた会社もあります。

● **日本マイクロソフト株式会社**……

　　　　　　　2019年に週休3日制を試験的に導入した結果、売上は増加し、労働生産性は40%上がったとの結果を発表しています。なお、労働日数は週1日減ったものの給与の額は従前のまま変更はありませんでした。

● **Zホールディングス株式会社**（旧：ヤフー株式会社）……

　　　　　　　育児や介護休業中の正社員及び契約社員を対象とし、週2日（土日）の休日の他に無給休暇を取得することで週休3日制を実現しました。

● **佐川急便株式会社**……

　　　　　　　関東の一部地域でセールスドライバー（宅配をする社員）を対象に週休3日制を導入。1日の所定労働時間を10時間とした変形労働時間制を採用しているので、週の所定労働時間数は週休2日制と同じ40時間です。

　他の週休3日制導入企業には、株式会社ユニクロ、日本IBM株式会社、日本KFCホールディングス株式会社、SOMPOひまわり生命保険株式会社、大和ハウス工業株式会社等があります。

　新型コロナウイルスの感染リスク対策として週休3日制を導入する方針を決めた会社に株式会社東芝があります。導入しても週の所定労働時間は変更しないため、佐川急便と同じ変形労働時間制を適用することになります（この他、コアタイムを設けないフレックスタイム制も導入予定）。

　新型コロナウイルス感染症が拡大している中で週休3日制導入の最大のメリットは、感染の防止であることに間違いありませんが、感染症拡大前に導入した会社が考えるメリットは「社員のプライベートの充実」「育児や介護離職の防止」でした。

　これらのメリット、あるいはデメリットを検討の上、導入の是非を判断して下さい。判断するにあたり事前に次の事項を確認しておくことが必要になると思われます。

●全社員を対象とするのか、特定の部門や一部の職種等を対象に導入するのか
　▶ 全社一斉導入をすると、取引先との関係上不具合が起きるかもしれません

●1日増やす休日は「毎週金曜日」のように固定するか、あるいは好きな日を社員が選択することができるようにするか

●休日という形ではなく特別休暇扱いとするか
　▶ 有給とするか、無給とするか決める必要があります

●休日を増やしても週所定労働時間を従来どおりの時間のままとするか
　▶ そうであるならば、変形労働時間制も併せて導入することになります

●給与の取扱いはどうするか
　▶ 休んだ分の給与をカットするのか、従前のまま支給するのか

●就業規則や賃金規程の変更手続きが必要となる

週休3日制を一旦導入したものの、想定していたメリットを享受できないからといってすぐに元の体制に戻すのは望ましくありません。そうなることに不安があるならば、時限的・試験的に導入し、効果を検証してから最終的判断を行うのが良いでしょう。

⑰ 70歳までの就業機会確保が企業の義務とされるのか

Q. 現在、当社の定年年齢は60歳であり、定年退職後も引き続き勤務を希望する場合は1年間の嘱託社員で最長65歳まで継続雇用しています。
ところが今後70歳まで就業機会を確保しなければならないような話を聞きましたが本当でしょうか。

Answer.

高年齢者雇用安定法が改正され、2021年（令和3年）4月1日より施行されることとなりました。

これは企業に対して労働者を70歳まで雇用することを求めたものです。ただし、努力義務であって、違反した場合の罰則もありません。

改正前は定年年齢を65歳未満としている場合、高年齢者の就業確保のため、次の3つの措置のうちいずれかの措置を講じなければならないことになっていました（高年齢者雇用安定法第9条）。

① 65歳までの定年引上げ
② 65歳までの継続雇用制度の導入（再雇用制度、勤務延長制度）
　　　　　　　　　　　　　　　　　　　　　※他の事業主による雇用も可
③ 定年廃止

改正後に求められる措置は厚生労働省の資料によると2つ増えました。ただし、4) 5) については高年齢者が希望する場合であって、導入する場合は過半数代表者又は過半数組合の同意を得なければなりません。

1) 70歳までの定年引上げ
2) 70歳までの継続雇用制度の導入（再雇用制度、勤務延長制度）
　　　　　　　　　　　　　　　　　　　　　※他の事業主による雇用も可

3）定年廃止
4）フリーランスとして業務委託契約を締結する
5）社会貢献事業に従事できる制度の導入（①事業主が自ら実施
　する社会貢献事業か、②事業主が委託、出資（資金提供）等
　する団体が行う社会貢献事業）

　医療業や介護事業、製造業の工場等では65歳後半から70歳超の方
が活躍されていることはありますが、70歳の就業確保をすることは、
若年者の雇用機会を奪う可能性もあります。また、健康への配慮や人
件費等の課題もあります。
　改正法が施行されても努力義務であることもあり、積極的に雇用機
会の確保へ動く企業は極めて少ないだろうと思われます。

第6章
賃金
に関する

Q&A

> Q. 2020年4月より、賃金を請求する権利が3年になったとのことですが、これにより企業経営をしている者にとって、どのような影響があり、どう対応していくべきなのでしょうか。

Answer.

明治29年（1896年）に制定された民法ですが、債権関係の規定についてはこれまでほとんど改正がなかったとのことです。

ところが、2017年に「民法の一部を改正する法律の施行期日を定める政令」が公布され、2020年4月1日が施行日となりました。改正された内容でご質問に関係する項目は「消滅時効」の部分となり、改正により一般的な債権の時効が原則5年とされました（民法第166条1項2号）。

従来の民法における賃金請求権は1年（短期消滅時効）でしたが、改正によりこれが廃止され、労働者を守る法律であるはずの労働基準法第115条の賃金請求権の消滅時効2年より、新たに制定された民法の賃金請求権の消滅時効5年の方が長いという矛盾が生じてしまうことから、労働基準法も改正され、改正民法と同じ2020年4月1日施行となりました。

ただし、改正労働基準法の賃金請求権の消滅時効はいきなり5年となるわけではなく、「当面の間3年」とされました。これまでの2年が5年に延長され、厳格に適用されれば企業への影響は計り知れないとの判断もあったからだと思われます。

それでも過去3年分の賃金を請求できることになったというインパクトは非常に大きいものです。

※ここでいう「賃金」に退職手当は含まれません。退職手当の請求権に関する消滅時効はもともと5年です。

　「名ばかり管理職」という言葉が広く知られるきっかけとなった「日本マクドナルド事件（東京地裁判決平成20年1月28日）」では、店長は労働基準法における管理監督者とは認められず、未払残業代等約750万円の支払いが命じられました。この裁判で店長は2年分の未払残業代を請求しており、750万円の中には約250万円の付加金も含まれています。

　「付加金」とは労働基準法第114条に規定があり、要約するならば、「賃金の未払があり、労働者が裁判所に請求した場合には、未払賃金の他にそれと同じ金額を付加金として支払うよう命じることができる」というものです。そしてこの付加金の請求にかかる消滅時効も「当面の間3年」とされました。

　もし、日本マクドナルドの訴訟が改正労働基準法施行後に提起されたなら、未払残業代も3年分請求したことでしょう。裁判で命じられた付加金を除いた2年分の未払残業代を約500万円とすると、単純計算で3年分は750万円となります。

　判決から見て、付加金は少なく見積もっても250万円以上となるはずなので、3年分の請求総額は1,000万円を超えてしまいます。

　大企業ならともかく、中小企業がこのような金額の支払い命令を受けた場合は、その後の企業存続にもかかわる大きなダメージを受けることは間違いありません。

　ここまでの金額にはならない場合であっても、数百万円単位の請求がされることは珍しいことではなく、当事務所でもこれまで同様の案件対応をしてきました。弁護士と一緒になって解決にあたることもあります。

　未払残業代請求トラブルを防止するには、労働基準法等をある程度理解しておく必要があります。また、賃金規程の内容にも問題がないかチェックしておきたいところです。そして「働き方改革」を推進す

るために、業務プロセスの見直し等を行うことで残業時間そのものを
減らすことが最大の対策となることは言うまでもありません。

② 利益を成果配分したいので、営業社員に完全歩合制を導入したい

Q. 当社は社員が成果を上げたときには相応の報酬を支給したいので、人事評価制度や賃金規程を変更し、外勤の営業社員に限り完全歩合制を導入したいと考えています。
制度設計をするにあたり、注意しなければ点がありましたら教えて下さい。

Answer.

「完全歩合制」（フルコミッション制）というと、その名のとおり成果、出来高により賃金が決定される制度であり、成果が全くなかった月は賃金がゼロということもあり得ます。保険や不動産、広告の営業職や美容師を始めとして、幅広い業種・職種で導入されているようです。

　求人広告を見ても、様々な企業が賃金の支払い条件を完全歩合制で募集していて、雇用形態も正社員から、契約社員、パートタイマー、業務委託と何でもありです（ご質問の回答を最後まで見ていただければ、求人広告で募集している雇用形態に対する賃金の支払い条件に、疑問符が付くものがあることに気づかれるのではないでしょうか）。そのため、完全歩合制というのはよくある制度であり、導入も比較的簡単であると思ってしまうかもしれません。筆者の事務所にも時々「完全歩合制の導入について相談がある」とご連絡をいただきます。

　ところが、労働基準法第27条（出来高払い制の保障給）には次のような規定があります。

> 出来高払制その他の請負制で使用する労働者については、使用者は、労働時間に応じ一定額の賃金の保障をしなければならない。

完全歩合制は第 27 条でいう「出来高払制」に該当するため、使用者（会社）は労働者が働いた時間（労働時間）に応じて賃金を支払わなければならないことになります。「一定額」については、次の 2 つをクリアしていることが必要です。

① 最低賃金を下回らないこと

東京都の最低賃金は 2019 年 10 月 1 日より 1,013 円です。従って、完全歩合制が適用される労働者が 1 日 8 時間労働した場合、は 1,013 円× 8 時間＝8,104 円を支払わないと最低賃金法違反となります。なお、最低賃金法違反（地域別）は 50 万円以下の罰金が科せられることがあります。

> ※完全歩合制による賃金が最低賃金を下回ったとして訴訟となったものに「朝日交通事件」（札幌地裁判決平成 24 年 9 月 28 日）があります。判決では、会社が原告 6 名に対して最低賃金との差額や付加金の支払い（計 1,400 万円）をするよう命じました。

② 行政通達（昭 22.9.13 基発 17 号、昭 63.3.14 基発 150 号）で示された内容のとおりとすること

この通達では、「労働者に対し常に通常の実収賃金と余りへだたらない程度の収入が保障されるよう保障給の額を定めるべきである。」とされており、目安としては「休業手当との均衡から少なくとも平均賃金の 100 分の 60 程度を保障することが妥当である」となっています（法律上、保障給の額の規定はありません）。

以上を踏まえて導入することが必要です。なお、本当の完全歩合制は業務委託契約等を締結している者でなければ適用することができません。業務委託契約によるものは、通常、労働基準法上の労働者に該当しないからです（実態によっては労働者とみなされるケースもあります

が）。

　雇用契約を締結している「労働者」には前述のとおり最低保障が必要となるため、完全歩合制という言い方を避けた方が無用なトラブルを防止するという意味で適切だと言えるでしょう。

③ 「住宅手当」「家族手当」は割増賃金の計算基礎 から必ず除外できるか

Q. 当社では優秀な人材確保を目的として、新たに住宅手当や家族手当の支給を検討しています。
そしてこれらの手当は割増賃金の計算対象外とすることができるそうなので除外しますが、この考え方で良いでしょうか。

Answer.

割増賃金の計算式は「**1時間当たりの賃金額×時間外労働等の時間数×割増賃金率**」であり、1時間当たりの賃金は「**月の所定賃金額を1か月平均所定労働時間数で除した額**」（月給制の場合）となります。したがって、月の所定賃金額に何が含まれ、何が除外できるかということが問題となりますが、本来算入すべきものを算入していない例がいまだに多く見られ、労働基準監督署の是正勧告を受けることも珍しくありません。

なぜ「いまだに」と言ったかというと、割増賃金を計算するときに除外できる賃金というのは従来から変わることなく、しかも限定列挙されているので、広く理解されていてもおかしくはないと感じるからです。ところが先にも述べたように、除外してはならないものまで除外して割増賃金を算出しているケースが実際は非常に多いのです。

限定列挙されている除外可能な賃金は次の7つです。

なお、①～⑤の手当の名称であれば必ず除外できるものではなく、実態により判断されることに注意して下さい。

① 家族手当
② 通勤手当
③ 別居手当
④ 子女教育手当

⑤ 住宅手当
⑥ 臨時に支払われる賃金
⑦ １か月を超える期間ごとに支払われる賃金

　この中で特に誤って理解されているものは家族手当、住宅手当、１か月を超える期間ごとに支払われる賃金です。厚生労働省の資料によると、割増賃金を計算するときに除外できる家族手当は「扶養家族の人数またはこれを基礎とする家族手当額を基準として算出した手当」であり、例えば「税法上の配偶者には〇万円、子については一子につき〇千円（ただし、第三子までを支給対象の上限とする）」であれば問題ないものの、扶養家族の有無や人数に関係なく一定額を支給するような手当ならば、除外することはできません。

　同じく割増賃金を計算するときに除外できる住宅手当は「住宅に要する費用に応じて算定される手当」であり、「賃貸している社員には〇万円、持ち家を有する社員には〇万円」のような一定額の場合は認められません。「賃貸している社員には家賃の〇％、持ち家を有する社員にはローン月額の〇％」とする必要があるのです。

　最後に１か月を超える期間ごとに支払われる賃金ですが、「例えばどのような手当が該当すると思いますか？」と伺うと、「賞与」という回答がすぐに返ってきます。それはそのとおりです。しかし、それ以外に次の手当についても除外することが、労働基準法施行規則第8条により可能とされています。

1）１か月を超える期間の出勤成績によって支給される精勤手当

2）１か月を超える一定期間の継続勤務に対して支給される勤続手当

3）１か月を超える期間にわたる事由によって算定される奨励加給又は能率手当

言い換えれば、毎月支給される可能性がある手当はその名称が精勤手当や勤続手当等であっても除外することができないということになります。

　故意に割増賃金の計算対象から除外することは労働基準法第37条違反であり論外ですが、知らずに除外していたとしても労働基準監督署の是正勧告を受けた場合は、過去に遡って未払い分を支払わなければならないこともあるため、そのようなことにならないためにもこれら手当の性質を理解しておいていただきたいと思います。

④ 「固定残業代は月60時間分の割増賃金相当額を含む」とすることができるか

> Q. 当社では恒常的に時間外労働が多く、時間外労働を抑制する
> ことや給与計算をできるだけ簡便化したいと思い、固定残業
> 代制度を設けたいと思っています。
> そして固定残業代は、月60時間分の時間外労働分として計
> 算し支給したいのですが、見直す点はないでしょうか。

Answer.

固定残業代（定額残業代）は現在では多くの会社で導入されている一方、その制度設計や運用に問題があり、労使間のトラブルも起きています。

制度設計の面では、「固定残業代を月何時間分の時間外労働とするか」がその問題のほとんどを占めるでしょう。例えば固定残業代という名称ではなく、営業手当や業務手当というものにしても問題はないからです。

休日労働や深夜労働分も含めたいというご相談を受けることがありますが、時間外労働や休日労働、深夜労働の割増率はそれぞれ異なりますから、「固定残業代には○時間分の時間外労働、休日労働及び深夜労働を含む」とすることはかえって給与計算処理を複雑なものにしてしまいますし、○時間分の内訳を明確にすることも難しいはずです。

したがって、ここではご質問にあるように「時間外労働月60時間」で固定残業代を設計することに問題がないのかということに絞って検討することとします。

法律で「月○時間を上限としなければならない」というような規定はありません。そのため月60時間としても違法ではありません。し

かし、働き方改革関連法の施行により時間外労働の上限規制が行われるようになりました。時間外労働は、原則として月45時間、かつ、年360時間が上限です。この規制に沿う形で月45時間として設計すると、年換算では360時間を超えてしまいます。そのため、いずれの上限時間にも収まる時間は「月30時間」となりますので、固定残業代の時間外労働は30時間分とすることが望ましいでしょう。筆者の顧問先に制度を導入するときも、その旨お伝えしています。

　次に運用面について検討します。固定残業代制度を導入する際、労働条件通知書や就業規則にその内容を記載する必要があります。そして就業規則には「給与計算期間における時間外労働を計算した結果、固定残業代の額を超えたときは、その差額を支給する」とも規定していると思いますが、超えても実際は支給していない会社もあります。
　そのような運用をしていると、訴訟等になった際は固定残業代制度そのものが否定され、多額の未払残業代を支払うことになりかねません。
　過去の判例では、月41万円の基本給について、通常の労働時間分と時間外労働時間分の賃金が区分されておらず（どのような割合であるか判別できず）、固定残業代が否定されたものがあります。

※テックジャパン事件（最高裁第一小法廷判決平成24年3月8日）

　ところが、日本ケミカル事件（最高裁第一小法廷判決平成30年7月19日）では、雇用契約書や賃金規程に固定残業代（この判例では業務手当）は時間外労働の対価として支給することが規定されているものの、固定残業代に含まれる時間外労働時間数は明示されていませんでした。しかし、裁判所は「固定残業代は時間外手当として支払われたものである」としました。

　このように個別事案の内容によって、判決に影響が及ぶことを考えると、規程等へ「月〇時間分時間外労働を含む」と明示することや、超過分については確実に支給すること、固定残業代は基本給や他の手当と区分しておくこと等は必須と言えるでしょう。

⑤ 固定残業代の額は毎月・毎年チェックしなければならない場合があるのか

> Q. 当社の賃金制度を全面的に変更し、新たに固定時間外手当を支給することにしました。
> 手当の額は 1 か月の時間外労働 30 時間分相当です。
> これにより社員に支給する給与は基本給の他、職務手当、固定時間外手当及び通勤手当となりますが、運用する上で気を付けなければならないことがあれば教えて下さい。

Answer.

 定時間外手当には、月 30 時間分の時間外労働が含まれているということなので、その額の計算式は次のとおりとなります。

（基本給＋職務手当）÷ 1 か月平均
　　　　　　所定労働時間数× 1.25 × 30 時間

　基本給 200,000 円、職務手当 40,000 円、1 か月平均所定労働時間数が 160 時間であれば、(200,000+40,000) ÷ 160 × 1.25 × 30=56,250 円が固定時間外手当の額となります。

　　　　　　　　※会社の 1 日の所定労働時間は 8 時間であるものとします（以下についても同じ）。

　毎月の時間外労働が 30 時間以内に収まっている限り時間外労働手当の支払いは原則として発生しませんが、次のようなときには固定時間外手当の額を再計算する等しなければなりません。

（1）基本給や職務手当の額が改定された場合

昇給や昇格により、先ほどの基本給が 208,000 円にアップしたとしたら、固定時間外手当の額は 58,125 円となるので、固定時間外手当も 56,250 円から 58,125 円にしなければ時間外労働 30 時間分となりません。したがって、賃金改定の都度、固定時間外手当は見直さなければならないのです。

（2）新たな手当が新設されたり、割増賃金計算の 　　　対象外とならない手当が支給された場合

役職手当や営業手当等、新たな手当を支給するようになったときは、(1) の基本給や職務手当に加算の上、固定時間外手当を算出します。これは分かりやすいと思います。注意したいのは、毎月支給するものではないが、随時支給する可能性がある手当です。

※名称がどのようなものかは問わず、手当の支給実態により判断されます。

Q3 の「「住宅手当」「家族手当」は割増賃金の計算基礎から必ず除外できるか」で記載したとおり、割増賃金を計算するときに除外できる賃金は通勤手当や住宅手当、家族手当等限定されています。そのため除外対象とならない手当は、割増賃金の計算基礎に含めなければなりません。

ある月の時間外労働が 28 時間だった社員（基本給等の条件は冒頭のもの）に対して、特別手当（割増賃金の計算基礎から除外できない手当と仮定）として 32,000 円を支給したとします。この場合、時間外労働 28 時間分に対応する時間外労働手当は（200,000 円 +40,000 円 +32,000 円）÷ 160 × 1.25 × 28=59,500 円となります。これに対して固定時間外手当の額は 56,250 円なので、不足分を差額支給しなければなりません。

このように、予め設定した時間外労働の範囲内であっても、別途

手当を支給すると固定時間外手当の額を超過してしまうことがあるのです。

（3）年間休日が増減した場合

　前述の例では年間休日は 125 日となっています。

　　　　　　※（365 日－ 125 日）÷ 12 か月× 8 時間＝160 時間

　極端かもしれませんが、年間休日が 125 日から 131 日に増えたとすると、1 か月平均所定労働時間は 156 時間となり、(200,000 円 +40,000 円) ÷ 156 × 1.25 × 30=57,693 円（円未満の端数切上げ）となるので、固定時間外手当の額を変更しなければなりません。

　もうお分かりいただけたと思います。固定時間外手当の額は 1 年に一度ではなく、随時チェックしなければなりません。

⑥ 半日休暇（3時間）取得後、6時間労働した場合の残業代はどうなる

> Q. 年次有給休暇の取得促進のため、半日単位でも取得できるよう就業規則を変更することにしました。
> 社内打ち合わせの際、給与計算担当者から「午前半休を取得して出社後6時間勤務した場合、残業の取扱いはどうなりますか？」と質問が出ましたが、その場で回答できませんでした。
> 実務的にはどのような取扱いとなるのでしょうか。

Answer.

半日休暇制度は法律上の規定がなく、必ずしも設けなければならないものではありませんが、有給休暇の取得促進や役所への手続き等のちょっとした用事を済ませることができるメリットが、会社・社員双方にあるため、導入している会社も多いのではないでしょうか。働き方改革により年5日の年次有給休暇取得義務が事業主に課せられており、半日休暇を取得した場合も0.5日消化したものとして認められていますから、新規導入する会社も増えていくものと考えられます。

ある会社の始業・終業時刻が9時〜18時であれば、午前半休は9時〜12時（3時間）、午後半休は13時〜18時（5時間）のように設定していると思います。

ご質問の内容から、貴社についても同じ勤務体系で同じ半日休暇制度を設けているものとして、出社後6時間勤務した場合の時間外労働の取扱いがどうなるか検討することとします。

9時〜12時までの半日休暇が3時間、休憩時間（12時〜13時の1時間）後の13時に出社して6時間勤務したということなので、単純合計だと9時間となります。そこで1日8時間労働が上限となっている法定

労働時間を 1 時間超過しているので、割増賃金の支払いが必要となるのでしょうか？

　結論は「このケースでは割増賃金の支払いは必要ない」となります。労働時間の考え方には「実労働時間主義」と「始業終業時刻主義」というものがあり、前者は実際に働いた時間（実働時間）を基準に時間外労働を算出し、後者は始業時刻前や終業時刻後に働いた時間は時間外労働として算出します。

　労働基準法は原則として実労働時間主義が適用となるため、今回の例だと実際に働いていない午前半休の 3 時間はカウントされません。したがって、実際の労働時間は 13 時〜 19 時までの 6 時間となり、割増賃金は発生しないことになります（終業時刻以降の 18 時〜 19 時の 1 時間について、割増の無い通常の賃金は支払わなければなりません）。途中休憩時間を取らず 21 時を超えて働いたときは実労働時間が 8 時間超となるため、割増賃金の支払いが必要となります。

　会社の就業規則に「終業時刻を超えて労働した場合には、時間外労働手当を支払うものとする」と規定されていた場合は、始業終業時刻主義に該当するため、半日休暇を取得したかどうかを考慮する必要はなく、終業時刻を超えて労働した時間については割増賃金の支払いが必要となります。もっとも実労働時間主義と比較してコスト増となるため、始業終業時刻主義を採用しているのはほぼ大企業に限定されているはずです。

　参考までに付け加えると、例では午前半休を 3 時間、午後半休を 5 時間としていますが、1 日の労働時間 8 時間を半分にしてそれぞれ 4 時間ずつとしても構いません。会社の始業・終業時刻や 1 日の所定労働時間によって、どのような分け方をすべきか検討しなければならないでしょう。また、1 年のうち半日休暇を取得できる回数の限度を規定している会社もあります。いずれにおいても新たに制度を設ける場合ならば、会社はその内容を自由に決めることができます（内容を変更する場合は、労働条件の不利益変更を考えなければならないこともあります）。

⑦ 管理職や年俸制、歩合給制対象者に割増賃金の支払いは必要ないか

> Q. 個人クリニックを開業しており、勤務している医師には年俸制を採用しています。
> 先日、医師の1人から「他のクリニックに応援に行ったので、その分の残業代を下さい」と言われました。
> この医師の年俸は高額であり残業代の支払いは不要だと思うのですが。

Answer.

この医師の方が労働基準法の管理監督者として認められるのであれば、深夜の割増賃金を除いて支払いは必要ありませんが、管理監督者でなければ時間外及び休日の割増賃金の支払いも必要となります。

医療法人社団Y会事件（最高裁第二小法廷判決平成29年7月7日）では、医師との雇用契約で年俸1,700万円には割増賃金が含まれているとした一審・二審判決を破棄し、「残業代に当たる部分を他の賃金と判別できず、残業代を年俸に含んで支払ったとはいえない」として、審理を東京高裁に差し戻しました。

※差し戻しとなったのは未払賃金額を確定させるためです。

この医師は勤務態度が問題となり解雇されたため、地位確認や未払賃金の支払いを求めて提訴したものです。解雇は有効となりましたが、未払残業代の問題は高額であっても考慮されることなく、労働基準法が厳格に適用されました。年俸に割増賃金分を含めるのであれば、最高裁判例のとおり、割増賃金の部分とそれ以外の部分を分けて給与明細書や労働条件通知書等に明示することが必要となります。

整理すると、管理監督者であれば深夜割増分のみ支払いが必要となり、管理監督者でなければ時間外・休日・深夜割増分の支払いをしなければなりません。年俸制は賃金の支払い方であって、年俸制だから残業代の支払いは不要ということにはなりません。

　年俸制と同様に割増賃金の支払いについてよく問題となるものに、「歩合（給）制」があります。歩合制は出来高払制の１つであり、本人の成績（売上、利益、契約件数等が考えられます）に応じて支給される賃金制度であって、営業職であったり、トラックやタクシー等の運送業界で採用されていることが多いようです。

　歩合制は **Q2**「利益を成果配分したいので、営業社員に完全歩合制を導入したい」でも述べたように、「完全歩合制（フルコミッション）では成果がなければ１円も支払う必要がない」という誤解があります。また、「歩合制なら割増賃金の支払いは一切不要」という誤解もあります。

　歩合制であっても通常の賃金制度と変わることなく割増賃金の支払いは必要です。ただし、割増賃金の計算式が異なります。

歩合給の額÷その月の総労働時間数×割増率 0.25 × 法定労働時間を超えて労働した時間数

　１か月平均所定労働時間で歩合給の額を割るのではなく、法定内の労働時間数と法定労働時間を超えて労働した時間数の合計である「総労働時間数」で割ることと、割増率が 1.25 でなく、「0.25」となることが特徴的です。

　歩合給の扱いに関して訴訟となったものに、国際自動車事件（最高裁第一小法廷判決令和２年３月30日）があります。

　大手タクシー会社に勤務する乗務員に対して適用している賃金体系

に基づき、基本給や残業代、歩合給等が支給されていましたが、歩合給からは深夜手当や休日手当の残業代と交通費が控除されていました。そのため、残業代が増えれば歩合給は減るという仕組みとなっており、このような規則は無効であるとして未払賃金の支払いを求めたものです。

　判決では「労働基準法第37条の定める割増賃金の本質から逸脱したものと言わざるを得ない」として、審理を東京高裁に差し戻しました。

　以上から、割増賃金の支払いが不要となる労働者や制度（例えば高度プロフェッショナル制度）は極めて限定的なのです。

⑧ 人材確保の目的から、賞与を「最低○か月分支払う」と規定しておきたいが

> Q. 当社の業績は好調なものの人材獲得競争も熾烈です。
> そこで優秀な社員を確保する目的から、賞与の支払いについて「会社の業績や社員の成績にかかわらず、基本給○か月分の賞与を支払うことを保証する」と規定したいと思います。
> この規定が当社のデメリットとなることは無いでしょうか。

Answer.

近年では、賞与制度そのものがない企業がITベンチャー等を中心に見られます。法律上、賞与の支払い義務はありませんので、そのような運用でも問題はありません。もっとも、IT業界や医療・介護業界等、慢性的に人材が不足している業界では優秀な人材を獲得するための競争が激しさを増しており、年2回の賞与を支払う他、決算賞与を別途支払ったり、IT企業の中には入社した社員に対して「お祝い金」を支給している例もある等、各社工夫を凝らして人材確保に努めています。

　貴社においても激しい人材獲得競争にさらされていることから、賞与の支払いについて「最低保証」を設けたいとのことですが、このような規定とすることで、会社にとって実務上何かしらのデメリットがあるのでしょうか。

　「賞与については基本給の1.5か月分支給するものとする」とか「賞与は、賞与支払月の月額給与1か月分を保証する」「賞与は、支払月における基準内賃金に会社の定める係数を乗じた額とする」とすることはできます。しかし、このような規定とすることは次の理由により決して望ましいものとは言えません。

● 賞与の支払額の算出方法（計算式）が明確である。

▼

会社が賞与の算出方法における裁量権を放棄したことになります。賞与の算定対象期間（賞与の支払い額を決定するための評価期間。例えば12月に支払う賞与の算定対象期間を「その年の6月1日〜11月30日とする」等）において、結果が全く出せなかった営業社員や勤務態度が不良な社員にも一定額を支払わなければなりません。

● 会社の業績が深刻な場合であっても、必ず支払わなければならない。

▼

新型コロナウイルスのような感染症の世界的流行により、倒産しかねない極めて甚大な影響を受けた場合でも支払わなければ違法となります。

● 一度規定した賞与の最低保証制度を変更する場合のハードルが高い。

▼

賞与の最低保証は社員にとって有利な労働条件であると考えられるため、この規定を変更する場合は「労働条件の不利益変更」を念頭に置いた対応が必要となります。具体的には、賃金規程の変更に加え、対象となる社員に変更理由を説明していただき、個別同意書を得ることが求められます。

　この3つの理由を見ていただければ、会社にとって大きなデメリットしかないと思っていただけるのではないでしょうか。「規定することは望ましくない」どころか、「規定してはならない」と言えます。

　新たな人材を確保することを目的としてご質問のような規定を設けようとしていたのであれば、前述した「お祝い金」のような形にしていただく方が貴社にとってメリットとなることは明らかです。優秀な人材を確保してもその定着が課題であるならば、今後のキャリアがイメージしやすくなるようなプランを明示したり、研修制度を充実させたり、評価と賃金が連動した人事評価制度や賃金制度とすること等を検討していただくのが良いかと思います。

　なお、就業規則や賃金規程を長きにわたり見直していない会社は、現行制度がどのようになっているか至急確認して下さい。当事務所関

与例でも賞与の最低保証を定めていた会社があり、変更手続きには相応の時間がかかりました。

⑨ 年俸制で14等分とし、夏冬各1か月を賞与とすることはできるのか

Q. 管理職を対象に、現行の月給制から年俸制へ移行したいと考えています。
その際は年俸額を14等分し、そのうちの2か月を夏・冬の賞与として1か月ずつ支給したいのですが、法的にクリアしておかなければならないことはあるでしょうか。

Answer.

年俸制というと、プロスポーツ選手の「年俸1億円で契約書にサイン」といったニュースを目にするので馴染みがあるかと思います。1年間の賃金が予め決められる制度が年俸制であり、それが1年経過して初めて年間の賃金が確定する月給制とは異なる点です。会社が年俸制を導入する場合は管理職に限定することが多いです。管理職である自覚や役割を意識させる等の目的があるからだと考えられます。

年俸制といっても賃金は毎月支払わなければなりません（労働基準法第24条「賃金の支払」による）。そのため、年俸額をどのような配分により毎月支払うこととするか定めることが必要となってきます。毎月支払うことさえすれば、その配分方法に定めはないので14等分であっても16等分であっても、あるいは12等分でも構いません。雇用形態により12等分グループと16等分グループに分けている例もあります。

14等分とか16等分の場合は、2か月分や4か月分を夏季賞与と冬季賞与に振り分けることになります。14等分ならそれぞれ1か月ずつ配分し、16等分なら2か月ずつ配分するのがオーソドックスな方法ですが、4か月分を「夏季1.5か月、冬季2.5か月」とする会社も

あります。

　いずれの方法を採用するにせよ、年俸制という新たな制度を設けることになるため、賃金規程に年俸制にかかる規定を明記することになります。筆者がサラリーマン時代に在籍していた会社でも年俸制が採用されており、年俸は「基本年俸」と「業績年俸」に分かれていました。例えば年俸700万円を14等分で支給するときは、次のような構成となっていました。

理論年俸額700万円＝基本年俸600万円
（月額50万円）＋業績年俸100万円

　業績年俸100万円は夏季・冬季1か月分ずつ配分するので、各50万円となります。ここで注意していただきたいのが、賞与に関する行政通達です。

> 定期又は臨時に、原則として労働者の勤務成績に応じて支給されるものであって、その支給額が予め確定されていないもの
> （昭和22年9月13日基発17号）

　この通達で「その支給額が予め確定されていないもの」を賞与と定義しており、言い換えると「いくらもらえるのか予め分かっているものは賞与ではない」ということになります。先ほどの年俸額で配分された業績年俸100万円を、夏季賞与として50万円、冬季賞与として50万円支払うことが予め確定していると、それは賞与として認められません。

　賞与として認められるためには、各50万円の賞与（業績年俸）について人事評価を実施し、その結果によっては50万円の賞与が増減する仕組みとする必要があります。

　筆者のいた会社の年俸制の構成をもう一度ご確認下さい。年俸額が「理論」年俸額となっています。これは業績年俸が人事評価の結果、増減する制度としていたためそのような呼び方をしていたのです。

> ※プロ野球選手のように年俸制であっても、活躍次第で支払われる出来高払いを設定することがあります。会社の制度でも年俸制に加え、出来高払いを設けるようなところが増えてくるかもしれません。

⑩ 賃金規程で「昇給は原則として年1回4月に 実施する」の問題点は

> Q. 当社は、「昇給は毎年1回、原則として4月に実施するもの
> とする」と賃金規程に規定しています。
> 先日、友人である経営者仲間から、「うちは4月ではなく7
> 月にしている。時期を変更した方がメリットあるから変更し
> た方がいいよ」とアドバイスを受けました。
> ただ、変更するメリットが良く分かりません。変更するべき
> なのでしょうか。

Answer.

結 論を先に申し上げると、「現行のまま変更しなくても違法では
ありませんし、このような内容を規定している会社は普通にあ
ります。しかし、リスクを考えると内容を変更していただくべきでしょ
う」となります。

その理由を申し上げる前に、昇給に関する労働基準法の規定を確認
しておきます。労働基準法第89条（作成及び届出の義務）では、就業
規則の作成及び届出に関して定められており、その中には「昇給に関
する事項」が含まれています。つまり、就業規則（あるいは賃金規程）
を作成する場合には、昇給に関する規定を明記しなければなりません。

さらに労働基準法第15条（労働条件の明示）第1項では、「使用者は、
労働契約の締結に際し、労働者に対して賃金、労働時間その他の労働
条件を明示しなければならない。この場合において、賃金及び労働時
間に関する事項その他の厚生労働省令で定める事項については、厚生
労働省令で定める方法により明示しなければならない。」とされており、
「昇給に関すること」は明示しなければならないことに含まれています。

※書面で交付することまでは求められていませんが、トラブル防止のため実務上では書面に明示の上交付していると思います。

「昇給に関する事項」「昇給に関すること」とは、「昇給の有無」「昇給がある場合はその時期や金額」を明示することを指し、厚生労働省のモデル労働条件通知書にもその旨記載されています。この労働条件通知書の内容に沿って昇給部分を作成すると、「昇給有、原則として4月」「昇給無」等となり、貴社の賃金規程の「昇給は毎年1回、原則として4月に実施するものとする」についても「問題ないのではないか?」と思われるかもしれません。確かにダメということはありませんが、冒頭でお伝えしたとおり、変更していただきたいというのが筆者の見解であり回答となります。以下でその理由を述べます。

(1) 昇給時期を4月としていることについて

日本の多くの会社の決算時期は3月末であり、新卒が入社してくるのは新年度のスタートである4月です。社内の昇進・昇格も4月に実施されることが一般的です。そのようなことから賃金の昇給時期も4月が当たり前のようになっています。

4月昇給としたときに注意しなければならないのは、社会保険料についてです。社会保険には定時決定(算定)という制度があり、毎年4～6月に社員に対して支給される報酬額(支払いベース)に基づき9月からの社会保険料が決定されます。4月に大幅な昇給があった場合は4～6月の報酬に反映されるため、9月からの社会保険料が大幅にアップする可能性があります。7月昇給の場合は、随時改定(月変)に該当しなければその年の9月ではなく、その次の年の9月まで保険料のアップが先送りされる形となるのでコストメリットがあるということになります。

(2) 賃金規程等に「昇給」と明記していることについて

　賃金規程に「第○条（昇給）会社は、原則として毎年4月に昇給を実施する」としていると昇給することはあっても、降給や現状維持とすることができないと解釈できます。

　そのままにしておくと「必ず昇給するような書き方になっているではないか！」と言われかねません。そのため、「昇給」は「賃金改定（昇給、降給又は現状維持）」としていただくことで問題を解決することができます。労働条件通知書についても同様の修正をしていただければと思います。

⑪ 中途入社や退職、休職等の場合、日割計算の方法で適切なものは

> Q. 新たに会社で人事を担当することになった者です。
> 賃金規程を確認していたところ、規定内容と実際の給与の算出方法が違っていることに気づきました。
> そこで、規程の変更をしたいのですが、例えば賃金計算期間の途中で入社した社員の給与を日割計算する場合、最も適切な方法はどのようなものになるでしょうか。

Answer.

例えば会社の給与締切日（一賃金計算期間）が毎月末日の場合、その月の2日～末日までの間に入社した社員の給与は、日割計算により支給しているはずです。その日割計算の方法としては3パターンあります。通勤手当については、入社日によっては1か月定期代を日割計算するよりも、1日当たりの実費を支給した方が合理的な場合もあるため、「日割計算を行う場合、諸手当に通勤手当は含まれない。通勤手当は最も合理的な方法により計算して支給する。」と付け加えても良いでしょう。また、①～③では基本給と諸手当の合計額を歴日数等で割っていますが、基本給とそれぞれの手当は個別に計算しても構いません。当事務所が作成する賃金規程は、個別に計算するような規定としています。

① その月の暦日数と在籍日数で支給額を算出する方法

（基本給＋諸手当）÷その月の歴日数×その月の在籍日数

② 1か月平均所定労働日数と実際の労働日数（出勤日数）で支給額を算出する方法

（基本給＋諸手当）÷1か月平均所定労働日数×その月に労働した日数

③ その月の所定労働日数と実際の労働日数（出勤日数）で支給額を算
   出する方法
   （基本給 + 諸手当）÷その月の
   　　　　　　　　 所定労働日数×その月に労働した日数

　この中から選択していただき賃金規程に規定すれば良いのですが、
どれを選択するべきかはそれぞれのメリットとデメリットを見ていた
だいた上で判断して下さい。

　①のメリットは計算方法が単純で分かりやすく、他の方法と比較す
ると不公平感が少ないということです。デメリットとしては歴日数は
31日〜28日まであるため、暦日が31日の月に入社するよりも28日
の月に入社した方が、1日当たりの支給単価が高くなります。「在籍
日数」を掛けるため、その中には祝祭日も含まれます。したがって、
入社月、入社日によっては会社のコスト増となることがあります。

　②のメリットですが、一度計算すれば1か月平均所定労働日数は1
年間同じ日数を使用することになります。そのため、計算が楽だと言
えるでしょう。実際の労働日数を掛けると、その月の休日や祝日が多
い月に入社した場合（例えばゴールデンウィークのある5月等）は労働日
数も少なくなることがあるため、支給額も少なくなる可能性がありま
す。

　③は②と同じく実際の労働日数を掛けるため、デメリットも同じで
す。しかし、「その月の所定労働日数」を分母とするため、他の方法
と比較して支給額のバラツキが大きくなり、他の方法よりも社員の不
公平感は大きなものとなるでしょう。ただし、実務ではこの方法を採
用している会社は決して少数ではありません。

　様々な会社の給与計算業務を行ってきた経験からすれば（個人的見解ですが）、歴日数と在籍日数で日割計算をしている会社の方が、社員からの疑問・質問が生じることが少ないようです。

⑫ 業績の上がらない社員の賃金を トラブルなく引き下げたい

> Q. 当社のような小さな会社が持続的に拡大・成長していくには、社員1人ひとりの頑張りが欠かせません。
> 営業職に従事している社員の中には好成績を保ち続けている者がいる一方、なかなか結果を出せない者もいます。
> このような社員に対しては、給与を下げたいと思うのですが、トラブルは避けたいので良い方法があれば教えて下さい。

Answer.

「社員の給与を下げたい」というご相談は非常に多く寄せられます。その理由としては新型コロナウイルスによる経済的ダメージを受け、倒産を回避するためやむを得ずという場合もあれば、社員が会社の期待するような成果を上げることができないため、懲罰的な意味合いで下げたいという場合もあります。

ご相談いただく数では圧倒的に後者が多いのですが、中にはご相談ではなく「今回の給与計算分から○○さんの給与を△万円下げます」と決定事項の連絡をいただくことも珍しくありません。それが適切な方法を用いて決定されたのであれば何ら問題ありませんが、ただでさえ給与の減額はトラブルとなりやすいことはご理解いただけることでしょう。

そこでトラブルを避けるために、会社はどのような方法を取ることができるのでしょうか。

まず、労働契約法第8条（労働契約の内容の変更）に規定されているとおり「労使間の合意による労働条件の変更」が考えられます。「合意」ですから口頭でも成立するものではありますが、実務上は書面による

「合意書」「同意書」を取得することになるでしょう。ただし、既存の労働条件を合意により変更するということは、社員が「分かりました」と納得しなければ成立しないということです。

　他には人事評価による給与の減額が考えられます。人事評価制度では直近で最低評価を取ったり、2回連続低評価となったときは「1等級降格させる」（資格等級制度の場合）等としていたりするものがあります。客観的に見ても低い評価を取ったときは自動的に降格となり、その結果給与が減額されることは合理性があると考えられます。人事評価制度が透明性や公平性が担保されていて、社員への説明もされており、降格の度合いが著しいものでなければトラブルは起きにくいでしょう。

　あるいは部長や課長、係長等の役職制度がある会社では、役職に応じた手当を支給していると思います。当然部長には部長としての役割を期待して手当を支給している訳ですが、必ずしもその期待に応えられない方もいます。期待に応えられていないと会社又は上司が判断すれば、役職の任を解かれる可能性があります。

　部長としての役職手当が200,000円で、部長職を解かれて課長となりその手当が150,000円だとすれば、50,000円減額されたことになります。しかし、これは役割変更に伴う減額であるため、やはり合理性があると言えます。つまり、会社の賃金制度に役職手当がなく、例えば基本給、営業手当、固定時間外手当、通勤手当のような構成となっているならば、役職手当を新たに設けるのは良い判断だと言えるのです。

　もちろん、部長の役割は「会社の方針・目標・戦略・計画等の策定に参画すると同時に、部を運営し、トップを補佐し得ること」のように明確な基準を定めておかなければならず、より具体的な目標は「目標管理制度」等で設定していくことになります。

会社の根拠のない判断、口頭のみの説明で減額させることは絶対に避けるべきであって、人事評価制度と賃金制度とが連動するような仕組みを作るとともに、その内容を社員に十分周知することがトラブルを回避する最良の策であろうと思います。

⑬ 社員の紹介で入社した場合、紹介者に手当を支給しても良いか

> Q. 当社は、業界全体の慢性的な人手不足により、良い人材の確保が課題となっています。
> そのため、社員からの紹介で入社した方がいる場合、紹介者に対して一定の手当を支給したいと考えています。
> どのような内容で実施するのが適切でしょうか。

Answer.

社員の紹介により人材を採用する手法を、最近は「リファラル採用」と呼んでいるようです。リファラルとは「推薦」「紹介」という意味で、事業規模の拡大が続き、積極的な採用活動をしている企業で良く活用されています。リファラル採用のメリットには次のようなものが挙げられます。

(1) 採用コストの削減

　例えば求人サイトに求人広告を掲載する場合、数十万円〜100万円を超えることもあります。人材紹介社に依頼した場合は年収の20〜35%程度の紹介料を支払う必要があるため、例えば年収600万円で20%ならば120万円にもなります。それでも入社して活躍してもらえれば良いのでしょうが、その期待が裏切られることも珍しいことではなく、入社数か月で退職してしまう人だっています。従って、リファラル採用の最大のメリットはコストの削減であると言えるでしょう。

(2) 定着率が高い傾向にある

　自社の社員からの紹介ということもあり、その人がどのような仕事をしてきて、どのような性格なのかという情報を事前に、また、より具体的に得ることが可能です。自社にマッチするかどうかも紹介者である社員が検討し、紹介しているはずなので、入社後の定着率は高い傾向にあります。紹介により入社した者から見た場合、「紹介者の顔をつぶせない」という心理が働き、簡単に離職しづらいという側面もあります。その他には採用の確率が高いというメリットがあります。

　では、紹介者に対して何らかの手当を支給したい場合の留意点について検討します。職業安定法第40条に次の規定があります。

> 　賃金、給料その他これらに準ずるものを支払う場合又は第36条第2項の認可に係る報酬を与える場合を除き、報酬を与えてはならない。

> ※「第36条第2項の認可」とは、「前項の報酬の額については、あらかじめ、厚生労働大臣の認可を受けなければならない。」とされており、委託募集をする場合の規定を指します。

　つまり、厚生労働大臣の認可を受けて行う委託募集の他、賃金や給料として支給することも認められているということになります。賃金や給料として社員に支給するということは、賃金規程等に「手当」（名称はどのようなものでも問わない）として支給することを明示する必要があるということです。他の手当と同様に、「支給基準・支給対象」「支給額」等を規定の上、所轄労働基準監督署へ届け出る（届出義務のある場合）ことに変わりはありません。

　支給基準や支給対象は会社の事情に合わせて決定すれば良いと思いますが、次の事項を参考に作成して下さい。

● 紹介により入社した人が短期間で退職することもないことはないので、「入社後○か月在籍している場合に限り支給する」等の制限を設けるべきでしょう。

● 手当の額は高額となりすぎないように注意しましょう。入社する人の経験や能力等により、数万円〜十数万円とするのが良いでしょう。もっとも1人につき50万円を支給しているケースもあります。

● 中には多くの人材を紹介してくる社員もいますが、1年間の紹介回数または支給額の上限を設定するかどうかも事前に決めておくと良いでしょう。

⑭ 雇用調整助成金の申請のために 必要な休業手当の計算方法について

Q. 新型コロナウイルスの感染拡大の影響により、会社を一定期間休業することにしました。
社員から「休業補償をして下さい」と言われたのでそのとおりにしたいと思いますし、雇用調整助成金の申請も行うつもりです。しかし、いくら支払えば良いのか分からないので計算方法も含めて教えて下さい。

Answer.

まず、留意していただきたいのは、「休業補償」と「休業手当」は全く異なるものであるということです。

新型コロナウイルスの感染拡大により飲食、旅館、旅行業を始めとして多くの企業が深刻な影響を受けました。ニュースでも休業補償という言葉が毎日のように聞かれましたが、休業補償とは労働者災害補償保険法（労災保険法）に基づき支給されるものです。労災に係る給付なので、社員が「業務上負傷し又は疾病による療養のため労働することができず、そのために賃金を受けていない」ことが給付条件となります。このような性質上、賃金には該当しないので所得税はかかりませんし、雇用保険料等の対象にもなりません。なお、休業補償給付の支給額は原則として、給付基礎日額 × 60% に休業日数を乗じた額です。

これに対して休業手当は労働基準法第 26 条に「使用者の責に帰すべき事由による休業の場合においては、使用者は、休業期間中当該労働者に、その平均賃金の 100 分の 60 以上の手当を支払わなければならない。」と規定されており、支給率も 60% と限定されている休業補償とは異なっています。

　それぞれの違いを確認したので、次は休業手当の計算方法を確認します。

　労働基準法第26条の規定にあるように、平均賃金が計算できれば休業手当の支給額は計算できたようなものです。平均賃金には原則的方法と最低保障による方法の2つがあり、高い方の額を平均賃金とします。

① 原則的方法

　　平均賃金を算定すべき事由の発生した日以前3か月間に、その労働者に対し支払われた賃金の総額を、その期間の総日数（歴日数）で除した金額（銭未満の端数は切捨て。）

　　ただし、賃金締切日がある場合は、直前の賃金締切日を起算日とします。

② 最低保障による方法

　　賃金が時給制や日給制、出来高制のため労働日数が少ない場合、原則的方法で計算した額を平均賃金とすると著しく低額となることがあります。そのため、時給制等による場合は、賃金総額を総日数ではなく労働日数で除した額の60%を最低保障とすることができます。

　①②いずれの方法による場合であっても、直近3か月間の賃金総額を基準に計算することに変わりはないので、あらゆる賃金が総額に含まれるのか、それとも除外できる賃金があるのか理解しておかなければなりません。基本給は当然ですが、役職手当、職能手当、住宅手当、残業代（固定時間外手当も含む）の他に通勤手当等も含まれます。除外できるのは次の3つのみです。

●臨時に支払われた賃金（退職金等）

●3か月を超える期間ごとに支払われる賃金（賞与等）

●通貨以外のもので支払われた賃金であって、
　一定の範囲に属しないもの（現物給与）

給与の計算期間が毎月末日の会社であって、月給制の社員を4月1日から休業させる場合の賃金総額は、1月1日〜3月31日の期間に対応して支給された額です。これを3か月の総日数である90日（うるう年なら91日）で割った額が平均賃金の額となります（銭未満切捨て）。これに支給率を掛けた額が1日当たりの休業手当です（50銭未満切捨て、50銭以上切上げ）。

　例えばこの会社の社員が直前まで育児休業をしていて復職が4月1日だった場合、直近3か月の給与の支給は0円のはずです。

　これだと平均賃金を計算できないので、このケースでは育児休業に入る前の3か月で平均賃金を計算することになります。

　雇用調整助成金は労働基準法に規定されている休業手当を支給しなければ対象とはならないので、最低でも平均賃金の60%を支給することになりますが、計算方法を間違ってしまうと実際の休業手当支給額が平均賃金の60%を下回ってしまうことも起きかねません。また、他の月はそれほど残業をしていなかったのに、直近3か月でたまたま残業が多くなっていたとすると休業手当の額も想定より増えてしまうので、このような点に留意しつつ計算を行っていただきたいと思います。

第 7 章

その他
様々な諸問題
に関する

Q&A

① 民法の改正により、「身元保証書」等の 人事労務分野にも影響があるとのことだが

> Q. 当社では、採用予定の従業員に対し、これまで求めていなかった「身元保証書」を提出してもらうことを検討していますが、2020年4月以降は改正民法の施行に伴い、記載すべき内容には気を付けなければならないと聞きました。
> どのようなことでしょうか。

Answer.

　改正民法は2020年4月1日に施行されました。施行に伴い、人事労務関係では「身元保証人」や「退職に関する事項」について見直しをしなければならないのですが、2019年4月1日施行の「時間外労働の上限規制」「年次有給休暇の時季指定義務」（労働基準法）や、改正民法と同年同日施行の「正規と非正規の間の不合理な待遇差の禁止」（パートタイム・有期雇用労働法）等と比べると知られていないというのが実感です。

　ところが非常に重要な内容が含まれており、不要な労働トラブルを防止するためには改正内容を就業規則等に反映させなければなりません。そこで見直すべき事項を2つ挙げ、説明することにします。

(1) 身元保証書

　会社の就業規則には、採用が決定した従業員が提出する書類の1つとして「身元保証書」を規定していることが多いと思います。そこには身元保証人の人数（1～2人）や条件（親権者等）、身元保証の期間（通常5年）の他、次の項目も必ず記載されているはずです。

「故意又は重大な過失により、会社に損害を与えたときは、身元保証人として本人と連帯して賠償の責めを負うことを約束します。」

　損害が発生した場合、当該従業員に対し身元保証書をたてに訴訟で損害賠償を求めたとしても、請求額の全額が認められるケースは稀です。それでも抑止力という意味で一定の効果があると考えられています。ところが、2020年4月1日から締結される契約からは、「賠償の責めを負う」という内容だけでは契約そのものが無効となり、有効とするには賠償の上限額を身元保証書に明記しなければならなくなりました。従って、今後は「賠償額の上限を○○万円とする。」のように具体的な金額を記載することになります。

　そうすると「いくらにしたらいい？」とか、「金額によっては採用を辞退されるかも・・・」という不安が生じるかもしれませんが、身元保証書そのものを廃止したり、賠償に関する部分のみ削除して利用することもできますので、会社の事情に合わせて作成や見直しを行って下さい。

(2) 期間の定めのない雇用の解約の申入れ

　就業規則で退職に関する規定をおくとき、「退職する場合は、少なくとも退職する日の30日以上前に申し出ること」のように、「30日前」とか「1か月前」としていることがほとんどだろうと思います。ところが会社と退職日をめぐってトラブルとなった従業員が「2週間前までに申し出ればいつでも退職できる」と主張してくることがあります。

　これは民法第627条の規定に基づくものであり、改正前は次のような内容となっていました。

1.当事者が雇用の期間を定めなかったときは、各当事者は、いつでも解約の申入れをすることができる。この場合において、雇用は、解約の申入れの日から2週間を経過することによって終了する。

2. 期間によって報酬を定めた場合には、解約の申入れは、次期以後についてすることができる。ただし、その解約の申入れは、当期の前半にしなければならない。

3. 6箇月以上の期間によって報酬を定めた場合には、前項の解約の申入れは、3箇月前にしなければならない。

　改正後、第2項の「解約の申入れは」が「使用者からの解約の申入れは」となりました。その結果、労働者が使用者に対して解約の申入れをする場合、第2項の適用がなくなり、さらに、第3項の「前項の解約の申入れ」は第2項の「使用者からの解約の申入れ」を指すため、第3項についても適用されなくなりました。

　つまり、労働者は第1項のみが適用されるので、退職の申出は2週間前にすることで足りることになります。年俸制を採用している会社については、就業規則の退職に関する規定を「年俸制の従業員が退職する場合には、3か月前までに退職届を会社に提出しなければならない」としていることがあります。改正前は有効であっても、改正後は無効となってしまいますので、この場合は就業規則の変更が必要となります。

② 新規採用者の内定取消しや入社時期の延期はどこまで可能か

> Q. 新卒採用の結果、数名に内定を出したものの、急速な経済情勢の悪化に伴い当社の業績も先行き不透明なものとなってしまいました。そのため、内定の取消し又は入社時期の延期を考えなければならない状況です。
> どのような判断も仕方がないとして認められるものなのでしょうか。

Answer.

　近では新型コロナウイルス感染症の影響により、会社の業績が著しく悪化したため内定取消しや入社時期の延期が行われたというニュースがありました。筆者の顧問先でも入社時期を延期したところがありましたが、もともとの入社日は変わらず、出社する日等を延期するのであれば入社日から「休業」となるため、休業手当の支払いが必要となります。休業手当を支払いながら雇用調整助成金の特例制度を活用した会社もあれば、入社日そのものをずらす決断をした会社もある等、事情に応じて対応は様々です。

　もし当初の入社日を変更し延期する場合は、対象者に十分な説明をしていただくとともに、本人の合意を得なければなりません。合意は口頭ではなく、会社が作成した書面（入社日を変更しなければならなかった具体的事由や変更後の入社時期がいつとなるか等を記載）で行うようにして下さい。

　入社時期の延期に合意したとしても、当初の入社予定日から延期が終了するまでの間は休業手当の支払いが必要だとする厚生労働省の見解もあります（昭和50年3月24日監督課長、企画課長連名内翰）。

東日本大震災のときも休業手当の支払いをどうすべきか問題となりましたが、入社時期の延期に関する回答は、新型コロナウイルス感染症と同様の内容でした。内定取消しや入社時期の延期ではなく、既に雇用している社員に対する休業手当の支払いについては、天災事変等の不可抗力であれば「使用者の責に帰すべき事由に該当しないため、休業手当の支払は不要」だと厚生労働省のQ&Aでは説明されています。ただし、この不可抗力は「その原因が事業の外部より発生した事故であること」「事業主が通常の経営者として最大の注意を尽くしてもなお避けることのできない事故であること」の2つの要件を満たさなければならないとも記載されています。

　順序が前後しましたが、次により深刻な内定取消しの可否について検討します。過去の内定取消しに関する裁判例にインフォミックス事件（東京地裁判決平成9年10月31日）があります。ある会社からスカウトされ、マネージャーとして入社することを了承したので入社承諾書を会社に送付し、会社もこれを受領したとの通知書を返送してきました。そのためこの労働者は現時点で勤務している会社に退職届を提出したところ、入社予定先の会社の経営が悪化したため、内定を取り消されたものです。

　裁判所は、会社の人員削減の必要性は高く、社内で希望退職を募る等の内定取消しを回避するための努力はしており、内定取消しには客観的合理性はあるとしたものの、「内定取消前後の対応には誠実性が欠け」「採用内定に至る経緯」「内定取消」により著しい不利益を被っているとして無効としました。

　新型コロナウイルス感染症の影響に伴う内定取消しの場合だと、厚生労働省Q&Aでは「新卒の採用内定者について労働契約が成立したと認められる場合には、客観的に合理的な理由を欠き、社会通念上相当であると認められない採用内定の取消しは無効」と回答しています。

これは労働契約法第 16 条（解雇）に規定されている内容と同じこと
を言っています。

　裁判例や Q&A の内容から、経営上の必要性があり相応の努力をし
てもやむを得ない場合に限り、内定取消しも可能となります。

Q. 介護事業を運営していますが業界的に人手不足のため、今後積極的に外国人労働者を採用したいと考えています。
外国人労働者が働きやすい環境を整えることは当然のことですが、初めてのことなので受け入れにあたりどのようなことに注意したらいいのかが分かりません。

Answer.

外国人労働者であっても、社会保険や雇用保険の加入基準を満たすようなら手続きをしなければならないことは、日本人を採用するときと同じです。ただ雇用保険に加入する際は「在留資格」「在留期間」「国籍」「在留カード番号」等を資格取得届に記載して管轄のハローワークに届け出る点が異なります。また、加入しない外国人労働者については「雇入れ・離職に係る外国人雇用状況届出書」を提出します。これらは在留カードで確認することができますが、マイナンバーを確認することも忘れないようにして下さい。その他注意すべきことを挙げます。

　2018年12月に入管法が改正され、「特定技能1号」「特定技能2号」が新たに創設されました。従来より技能実習制度がありましたが、日本での実習により得た技術や知識を、発展途上国等へ移転することが本来の目的です。「資格外活動」は週28時間以内であれば働くことはできるものの、労働力不足を補うには力不足と言わざるを得ません。そこで次の業種に従事する外国人労働者を対象とした資格ができたのです。

特定技能1号（14業種）…………介護、ビルクリーニング、素形材産業、産業機械製造業、電気・電子情報関連産業、建設、造船・船用工業、自動車整備、航空、宿泊、農業、漁業、飲食料品製造業、外食業

特定技能2号（2業種）…………建設、造船・船用工業

　1号と2号の違いですが、1号は「相当程度の知識又は経験を要する技能」が必要とされる業務に従事する外国人労働者向けの在留資格、2号は「熟練した技能」が必要とされる業務に従事する外国人労働者向けの在留資格です。在留期間は1号は更新はできないものの最長で5年、2号については制限なしとなっており、労働力としても十分考えられる期間ではないかと思われます。

　ご質問では「外国人労働者が働きやすい環境を整えることは当然」とのことで、外国人労働者の方にとっては非常に心強いことでしょう。念のために申し上げると、外国人労働者の働きやすい環境、つまり雇用管理の改善は事業主である会社に努力義務として課せられています。

　「外国人労働者の雇用管理の改善等に関して事業主が適切に対処するための指針」では、主に次のような内容が定められていますのでご確認下さい。

① 国籍等による差別を行うことなく公平な採用選考をすること

② 外国人労働者にも労働基準法や健康保険法等の適用はあり、労働条件面での国籍による差別をしないこと

③ 労働条件は書面により明示すること。できれば母国語等により外国人労働者が理解できる方法で明示することに努めること。評価や賃金の決定等については透明性や公正性を確保するよう努めること

④ 安易な解雇は行わず、解雇等する場合であっても再就職援助を行
　うように努めること

　外国人労働者が短期間で退職してしまう会社は、コミュニケーショ
ンを十分に取っているとは言えず、孤立させてしまっている感じがし
ます。退職して他社に転職するならば会社の環境整備が十分ではない
のかもしれませんが、中には退職後、自国へ帰ってしまう方もいるの
です。そのような事例を減らすためにも他社の成功事例を参考する等
していただき、可能な範囲で環境整備に努めて下さい。

④ 「かとく」は当社のような中小企業にも
　　来ることはあるのでしょうか

> Q. 数年前に大手企業が送検されて話題となった「かとく」ですが、
> 当社のような中小企業にもやってくることがあるのでしょうか。
> また、改めて確認したいのですが、「かとく」とはどのような
> 組織であって、どういう場合に送検されているのでしょうか。

Answer.

「か とく」は「過重労働撲滅特別対策班」の略称・通称で、2015年4月に長時間労働の「撲滅」を目的として、東京労働局と大阪労働局の中に設置されスタートしました。そもそも労働局の下部組織にはよくご存じの労働基準監督署があり、そこに所属している労働基準監督官（全国で約3,200人）が各事業場に対して「監督」を実施しています。

監督には「定期監督」「災害時監督」「申告監督」「再監督」があり、事業場に立ち入り、未払残業や長時間労働の有無や就業規則の作成・届出義務を果たしているか、健康診断の受診は適切に行われているか等、労働関係全般にわたって行われる調査を「定期監督」といいます。

「災害時監督」は、建設中の現場で死亡事故が発生した場合のような、重大な労働災害が発生したときに行われる調査です。

「申告監督」は労働者が労働基準監督署へ申告したことをきっかけとして行われる調査です。なお、労働基準法第104条（監督機関に対する申告）には、事業場が労働基準法等違反の事実がある場合、労働者は労働基準監督署等に「申告」することができるとされています。

「再監督」は、労働基準監督署の調査が行われたものの、改めて調査する必要があると判断された場合に行われるもので、再監督でも法

令違反が是正されていなかったような場合は、書類送検される可能性があるので注意しなければなりません。

　このように4種類の監督パターンがある中で、長時間労働撲滅という取組みをさらに推進するため少数精鋭の組織である「かとく」が設置されました。大企業であっても、中小企業であっても長時間労働はあるかと思いますが、「かとく」は主に恒常的な長時間労働が疑われる大企業をターゲットとしています。少々大げさに言うのであれば、ターゲットを絞って効率的に調査・摘発し、是正を促すことを目的とした組織と言えるでしょう。

　「かとく」が過去に書類送検した企業は、靴販売の大手「ABCマート」（東京）や外食チェーンの「フジオフードシステム」（大阪）、ディスカウントストアの「ドン・キホーテ」（東京）、「サトレストランシステムズ」（大阪）、そしてニュースでも大きく取り上げられ、社会問題となった「電通」（東京）等です。書類送検されたこれら大手企業に共通している点は次のとおりです。

① 36協定で定められた時間外労働の上限時間を超えて
　労働させていた、あるいは36協定そのものを
　所轄労働基準監督署に届出していない。
② 恒常的な長時間労働を繰り返し行わせた。
③ 過去にも同じような違反内容で是正勧告を受けていた。

　このように大企業の長時間労働を撲滅するために活動をしている「かとく」が、中小企業も調査対象とすることはあるのでしょうか。現時点でその可能性は極めて低いと言えるでしょう。「労働基準監督署は今までに一度も来たことがない」という中小企業は多数あります。創業10年以上経った会社でも、あるいは従業員数が100人を超えた会社でも来ていなかったりします。ところが、20名程度の会社の定期監督が行われた例もあるので、中小企業においては、労働基準監督

署がいつ来てもいいように労働環境を整備することが必要となります。

⑤ 定年再雇用者の労働条件で 留意すべきこととは

Q. 当社には数年以内に定年を迎える社員が数名おり、本人が希望すれば再雇用する予定です。
再雇用後の給与は定年前よりある程度引き下げ、雇用保険から給付金を受けることで手取り額をなるべく多くするつもりです。
その他留意した方がいいということがあれば教えて下さい。

Answer.

定年を迎えた社員を会社が再雇用する場合、1年契約の嘱託社員（ここでは「再雇用社員」と呼びます）として処遇することが多いと思います。そして通常であれば再雇用後の賃金は下がり、それを雇用保険の高年齢雇用継続給付金等で補う方法が取られています。もちろん高年齢雇用継続給付金には支給要件があり、再雇用社員であれば必ずもらえるものではありませんが、要件を満たせば65歳に達する月まで支給を受けることができます。ただし、この給付金制度は今後段階的に縮小・廃止されていく予定です。

　再雇用社員の処遇を検討する際、会社のコストを考慮し給付金制度を活用することも重要ですが、最も重要なのは再雇用後の職務内容と賃金制度です。

　2020年4月1日より、正規と非正規との不合理な待遇差を禁止する「パートタイム・有期雇用労働法」が施行されています（中小企業は2021年4月1日）が、施行以前に重要判例が出ていますので確認しておく必要があります。

長澤運輸事件（最高裁第二小法廷判決平成30年6月1日）

　この会社で定年を迎えたトラック運転手が1年の有期契約で再雇用され、職務内容は定年前と変わらないにもかかわらず、「能率給」「職務給」や「精勤手当」「住宅手当」「家族手当」「役付手当」「賞与」等は支給されない労働条件となっていました。その結果、定年前の賃金より20%程度低いものとなり、このような格差は不合理であるとして差額の賃金等の支払いを求めたものです。

　一審と控訴審では異なる判断がされ、最高裁では精勤手当と時間外手当が不合理とされました。それぞれの不合理とされた理由は次のとおりです。

① 精勤手当

　　精勤手当はその月の所定労働日数のすべてを勤務した場合、つまり欠勤しなかった場合に支給される手当であり、皆勤を奨励するものであるから、正社員と再雇用社員の間で必要性に相違はないとしました。

② 時間外手当

　　正社員に支給される超勤手当を計算するときの基礎には精勤手当を含めているのに、再雇用社員に支給される時間外手当を計算するときの基礎には精勤手当を含めていないことを不合理であると判断しました。

　一方、不合理とされなかった手当は、それぞれの手当の内容・事情を勘案して判断されているので、「これらの手当は再雇用社員に支給しなくても問題ない」とは必ずしもなりませんので注意して下さい。例えば能率給や職務給は再雇用社員には支給されていませんが、歩合給が支給されていたことに加え、歩合給を算出するための係数が正社員の能率給を算出するための係数を上回っていたという事情がありました。

　住宅手当や家族手当は「正社員の福利厚生及び生活保障の趣旨で支給されるもの」であり、再雇用社員には老齢厚生年金の受給予定があ

り、実際に支給開始されるまでは会社が調整給を支給することになっていたので、これら手当を支給しないことは不合理であるとは言えないとしました。

役付手当は役職に就いていれば支給される性質のものですから、役職に就かない再雇用社員に対して支給しないことは不合理ではないとしましたが、これは法律に精通していない方でも理解しやすいのではないでしょうか。

賞与についても老齢厚生年金の受給予定等が考慮され、不合理ではないとされました。

以上から、再雇用者の職務内容が定年前と同じかどうか、会社の手当の支給基準・性質はどうなっているか等を確認の上、処遇を決定して下さい。

おわりに

　本書を最後までお読みいただきありがとうございました。

　これまでＱ＆Ａ形式により見てきたことからもお分かりのように、企業を取り巻く労働環境はここ数年の間に大きく変わりました。

　労働環境の変化は企業だけでなく、従業員の意識をも変えることとなり、結果として従来の人事労務管理のあり方を抜本的に見直す必要性が生じました。

　今後当面の間、企業経営は非常に厳しい状況下に置かれ、変化に対応できない企業は淘汰されていくことでしょう。

　その影響はあらゆる規模・業種に及び、リーマンショックや東日本大震災以上のものとなるかもしれません。

　一方これをチャンスと捉え、完全テレワークを実現し、会議はZoom に代表されるような新たに登場したツールを用いて行い、オフィスを縮小し、生産性の向上やコスト削減を達成した企業もあります。

　働き方が変わり、人事労務管理のあり方も変わることで、新たな労使間のトラブルが発生する可能性もあるでしょう。

　企業経営者や人事労務担当者におかれましては、労務問題を起こすことなく適切な人事労務管理を行っていただくため本書を参考とし、本業に注力していただくことを願ってやみません。

定政　晃弘

【著者プロフィール】

定政 晃弘（さだまさ あきひろ）

【略歴】
明治大学商学部卒業
2001年11月　社会保険労務士試験合格
2010年 5月　定政社会保険労務士事務所開業

【所有資格】
特定社会保険労務士、ハラスメント防止コンサルタント、
日商簿記1級、第1種衛生管理者

【DVD、電子書籍】
DVD
『労務管理者のための職場の法律』(共同監修、日本経済新聞出版社)
『人材育成のための助成金活用術』(バレーフィールド)
『事例で学ぶハラスメントの基礎』(同上)
『人材採用成功の秘訣』(同上)

電子書籍
『社長が会社を守る‼労働トラブル対策50の方法』(同上)
『中小企業は人材採用が9割！
　良い人材を集め、見抜き、採用する31の事例』(同上)

【ホームページ】
定政社会保険労務士事務所　　　https://sadamasa.net/

会社を守る！
職場の労働問題対策の実務 Q&A

発行日　2020年9月15日
著　者　定政 晃弘
発行者　橋詰 守
発行所　株式会社 ロギカ書房
　　　　〒101-0052
　　　　東京都千代田区神田小川町2丁目8番地
　　　　進盛ビル303号
　　　　Tel 03 (5244) 5143
　　　　Fax 03 (5244) 5144
　　　　http://www.logicashobo.co.jp
印刷・製本　モリモト印刷株式会社
定価はカバーに表示してあります。
乱丁・落丁のものはお取り替え致します。

©2020　Akihiro Sadamasa
Printed in Japan
978-4-909090-46-1　C2034